FÜHRER DURCH TROIA

verfaßt von der Grabungsleitung

ege yayınları
Ausgrabungsführer Serie 1

ISBN 975-807-013-4

Printed in Turkey
İstanbul, 1997

ege yayınları
Arslanyatağı Sok. 35/2
Cihangir 80060 - İstanbul
Tel. (212) 249 0520 - 629 0710 Fax. (212) 629 0146
e.mail : egeyayin@prizma.net.tr

FÜHRER DURCH TROIA

Inhalt

HOMER, DIE ILIAS UND DIE FOLGEN

von Manfred Korfmann und Dietrich Mannsperger

Universität Tübingen

Abb. 1   Der blinde Homer,
Marmorbüste in Boston, nach
Original des 2. Jh. v. Chr. -
R. u. E. Boehringer, Homer.
Breslau 1939, 93.

Homer und die Ilias

Homer trug zu einem Teil der geistigen Grundlagen der Antike Entscheidendes bei: ohne ihn gäbe es möglicherweise kein Troia und keinen Achilleus. Homer (Abb. 1–3) verfaßte die Ilias um 730 v. Chr. und später, um 700 v. Chr., die Odyssee. Dieser überragende Dichter ist vielleicht der größte der Menschheit überhaupt, und die historischen Auswirkungen seiner monumentalen Werke sind vergleichbar mit denen der großen Schriften der Weltreligionen. Seine Epen sind die ältesten schriftlich überlieferten Dichtungen unserer Kultur. Bis auf den heutigen Tag lebt der Mythos von dem "Krieg um Troia" und von dem Schicksal der daran Beteiligten in den Versen von Ilias und Odyssee. Daß von der überreichen Sagendichtung der Griechen gerade die homerischen Epen erhalten geblieben sind, ist sicher auch ein Qualitätsurteil.

Homer erzählt den "Troianischen Krieg" nicht, indem er die Ereignisse chronikartig hintereinanderreiht. Dieser wird – wie auch bei anderen frühen griechischen Dichtern – als eine beim Publikum bekannte Tatsache vorausgesetzt. Homer löst vielmehr aus einem größeren Kontext ein bestimmtes Ereignis heraus und ordnet den Stoff – von da ausgehend – neu an. Er schafft damit ein Epos, ein literarisches Kunstwerk, dem sich zuweilen selbst Logik und Tatsachen unterzuordnen haben. Die Handlung konzentriert sich auf nur wenige Tage des letzten von zehn Kriegsjahren. Thema ist der Bruch in den menschlichen Beziehungen zwischen den beiden bedeutendsten Heerführern der Belagerer, zwischen Achilleus und

Abb. 4   *Schriftdenkmal aus der Zeit Homers: Geometrische Kanne vom Kerameikos in Athen, um 730 - 720 v. Chr.*

Abb. 2   *Homer thronend mit Buchrolle. Kupfermünze von Kolophon, 2. Jh. v. Chr.*

Abb. 3   *Homer als Seher. Silbermünze von Ios, 4. Jh. v. Chr. – K. Lange, Herrscherköpfe des Altertums. Berlin/Zürich 1938, 38.*

Agamemnon, bzw. die sich daraus ergebenden Folgen. Dennoch wird durch Rückblenden und durch Vorausblicke in Ilias und Odyssee das ganze Geschehen vor der Stadt Troia (oder Ilios - sie führte beide Namen) eingefangen, vom Parisurteil und der Entführung der Helena (Abb. 5) bis zur Eroberung der Stadt mit Hilfe des hölzernen Pferdes (Abb. 15). Das Thema ist schon kurz nach der Entstehung der beiden Epen in aller Munde und wird sofort vielfach in der Kunst wiedergegeben.

Der Einfluß des Mythos auf die abendländische Literatur ist seit der Antike nie abgerissen, und er wirkt bis in die Neuzeit fort, so bis zu Jean Giraudoux' *Der Troianische Krieg findet nicht statt* und Christa Wolfs *Kassandra*.

9

Zu den Göttern und Menschen

Die Handlung der Ilias findet auf zwei Ebenen statt. Von oben, vom umwölkten Olymp oder vom Idagebirge blicken die Götter auf Troia und das Treiben der Menschen herab. Sie sind nicht nur selbst menschengestaltig, sondern sie haben auch Anteil an menschlichen, ja oft allzu menschlichen Anwandlungen und Gefühlen, wie Arroganz und Eifersucht, Haß und Liebe, Neid und Wohlwollen. Im Lager von Troia ergreifen sie Partei, und sie haben Gründe dafür: die Göttinnen Hera und Athena wurden beim Schönheitswettbewerb durch den troianischen Königssohn Paris beleidigt, weil er nicht ihren Verlockungen, sondern denen der Aphrodite erlag, die ihm die schönste aller Frauen versprach; diese war Helena, eine Tochter des Zeus, die Paris bis dahin als Gattin des spartanischen Königs Menelaos unerreichbar schien; aber mit Aphrodites Hilfe gelang es ihm, sie nach Troia zu entführen. Diese Entführung war der Ausgangspunkt des Troianischen Krieges, nicht nur für Menelaos, sondern für alle griechischen Fürsten, die bei seiner Hochzeitsfeier den Schutz dieser Ehe beschworen hatten (Abb. 5–6).

Die Rolle der Göttin Athena ist zwiespältig, denn sie ist seit der Gründung Troias auch Schutzherrin der Stadt. Ihr Tempel steht auf der Burg, ihr heiliges Standbild, das Palladion, garantiert den Bestand der troianischen

Abb. 5 Helena in Sparta und die Ankunft von Helena und Paris unter dem Geleit der Aphrodite in Troia. Ilias–Handschrift des 10. Jhs. n. Chr., in Venedig. Einleitung mit Illustration.

Abb. 6 Anfangsverse der Ilias mit zahlreichen gelehrten Erklärungen, die bis ins 3. Jh. v. Chr. zurückgehen. Dieselbe Handschrift, die 1423 von Konstantinopel nach Italien kam.

Abb. 7 Apollon und Poseidon helfen beim Bau der Mauern Troias. Bronzemünze von Ilion, 2. Jh. n. Chr.

Abb. 8 Kopf des Achilleus. Silbermünze des Königs Pyrrhos von Epiros, 297–272 v. Chr.

Abb. 9 Die Göttin Thetis auf einem Seepferd bringt ihrem Sohn Achilleus die Waffen des Hephaistos, Rückseite von Abb. 8.

Herrschaft. Noch in historischer Zeit werden deshalb auf den Münzen von Ilion die verschiedensten Darstellungen der Athena geprägt. Der Mythos zeigt jedoch, wie sich der Mensch die Gunst seiner Götter verscherzen kann: Athena läßt den Raub des Palladions gegen Ende des Krieges durch Odysseus und Diomedes zu und besiegelt damit den Sieg der Achäer.

Der Gott Poseidon ist Troia ebenfalls nicht wohlgesonnen. Als nämlich die Festungsmauern von Troia errichtet werden sollten, kamen er und Apollon hinzu, um zu helfen. Als Lohn versprach ihnen Laomedon, der damalige Herrscher von Troia, diejenigen unsterblichen Pferde, die Zeus seinem Großvater zum Geschenk gemacht hatte. Ein Jahr lang wurde unter Poseidons Leitung Troias gewaltige

Befestigungsmauer in die Höhe gezogen (Abb. 7), während Apollon das Vieh des Königs hütete. Nach getaner Arbeit wollte Laomedon jedoch von einer Belohnung nichts mehr wissen und jagte die Götter davon. Deswegen steht Poseidon nun zusammen mit den beiden beleidigten Göttinnen und anderen Göttern auf der Seite der angreifenden Achäer.

Auf der Gegenseite wiederum engagieren sich verständlicherweise Aphrodite und andere, darunter auch Apollon. Die Achäer hatten bei einem ihrer zahlreichen Beutezüge während der zehnjährigen Belagerungszeit Chryseis, die Tochter eines Apollonpriesters, geraubt und somit den Gott gegen sich aufgebracht. Deswegen sandte er die Pest in das Lager. Um das Unheil abzuwenden, entschieden sich die Achäer zur Auslieferung der Chryseis. Da jedoch diese inzwischen als Ehrengeschenk

Abb. 10 Achilleus mit der Lanze. Amphora des Achilleus-Malers, um 450 v. Chr.

11

Abb. 11 *Der lokrische Aiax im Kampf. Silbermünze von Opos, um 350 v. Chr.*

Abb. 12 *Hektor im Kampf mit Aiax und Menelaos um den gefallenen Patroklos. Bronzemünze von Ilion, 217 n. Chr.*

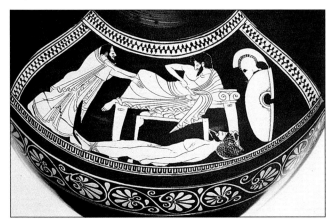

Abb. 14 *Priamos bittet Achilleus um Hektors Leichnam. Attische Hydria, um 510 v. Chr.*

Abb. 13 *Menelaos und Hektor kämpfen um den gefallenen Euphorbos. Knidischer Teller, um 610 v. Chr.*

dem obersten Heerführer Agamemnon übergeben worden war, faßte er die Herausgabe als Schmälerung seiner Person auf. Als Kompensation forderte er von Achilleus die Sklavin Briseis, die die Achäer ihm überlassen hatten. Nach heftigem Streit bekam er sie, beschwor damit jedoch den *Zorn des Achilleus,* der mit seinen Auswirkungen das Hauptthema der Ilias ist.

Als einziger thront neutral über dem Geschehen Zeus, der meist von der Spitze des Idagebirges aus die Geschicke vor Troia lenkt, die oft widerspenstigen Götter im Zaume hält und das Schicksal der Helden wägt. Der Troianische Krieg ist von Anfang an sein Plan, um der Übervölkerung der Erde entgegenzusteuern. Der Untergang Troias ist immer schon beschlossen, doch der *Zorn des Achilleus* führt zu dessen Fernbleiben vom Kampf, weswegen zahllose Helden den Tod finden.

Beim Kampfgetöse der Schlachtenschilderung wird leicht übersehen, daß die Ilias weder ein kriegerisches noch ein heldisches Gedicht ist: der Krieg wird auf beiden Seiten als schmerzlich erfahren, und seine Heroen sind meist tragische Gestalten (Abb. 8–13). Sie verstehen sich sprachlich, aber eigentlich auch – trotz ihrer Gegnerschaft – in ihren menschlichen Gefühlen. Am deutlichsten wird dies am Schluß der Ilias, im letzten Gesang: hier schleicht sich Priamos, der Sohn des Laomedon und König Troias, während der Belagerung nachts in das gegnerische Lager zu Achilleus, dem schrecklichsten Krieger der Achäer und Sieger über seinen liebsten Sohn Hektor. Er erfleht die

Abb. 15 Das Troianische Pferd. Korinthischer Aryballos, um 560 v. Chr.

Herausgabe von Hektors Leichnam für eine würdige Bestattung, und Achilleus gewährt dies schließlich, obwohl Hektor im Kampf seinen engsten und über alles geliebten Freund Patroklos getötet hat. Und beide, Achilleus und Priamos, beweinen zusammen ihr Schicksal (Abb. 14).

Mit Hektors Beisetzung beendet Homer die Ilias. Der Krieg ging weiter bis zur Eroberung und Zerstörung Troias (Abb. 15–16), über die nur noch in Rückgriffen in der Odyssee berichtet wird. Aber die Wirkung der Geschichte, in der Homer – ebenfalls neutral wie Zeus – den sinnlosesten aller Kriege schildert, geht weiter.

Abb. 16 Menelaos und Helena, getrennt durch Aphrodite mit Eros. Attischer Krater, um 460 v. Chr.

13

Mythos und Politik

Die Faszination des Mythos bleibt nicht auf Dichtung und bildende Kunst beschränkt. Denn wie die Geschichte des Troia-Mythos in historischer Zeit belegt, kann "bloße Kunst" die Welt verändern. Dabei erzielt nicht so sehr die Sagenüberlieferung, sondern die Eindringlichkeit ihrer Vergegenwärtigung in Homers Epos eine Wirkung: wie aus der Perspektive eines allgegenwärtigen Gottes gesehen, liegen die realen Schauplätze vor dem Auge Homers und seiner Leser, mit dem Olymp, dem Athos und dem Ida, Samothrake, Imbros und Tenedos, der Burg von Troia mit dem Skäischen Tor und den zwei Quellen davor, dem Skamander und dem Schiffslager der angreifenden Achäer. Auch die handelnden Personen und ihr Geschick sind mit so viel individuellem Leben erfüllt, daß sie wirklicher anmuten als so manche historisch belegte Persönlichkeit in der Geschichtsschreibung. Nicht nur

Abb. 18 Helios mit dem Viergespann auf einer Metope des Athena–Tempels in Ilion, nach 323 v. Chr.

feinsinnige Ästheten allein, sondern auch erfolgreiche Politiker und scharfsinnige Gelehrte legen von der suggestiven Kraft dieser Literatur Zeugnis ab. Für die Politik war entscheidend, daß man den Kampf um Troia als den Kampf des Westens gegen den Osten, Europas gegen Asien – und umgekehrt –, interpretieren kann. Wer etwas Derartiges unternahm, blickte auf das epische Modell: unter den Persern war der Osten erstarkt. Als der Perserkönig Xerxes 480 v. Chr. mit seinem Riesenheer die Meerenge des Hellespont überschritt, um Griechenland zu erobern, besuchte er die Burg des Priamos und opferte der Athena von Ilion tausend Rinder. Mit dem Zug Alexanders des Großen 334 v. Chr. erfolgte der Gegenschlag: Alexander (Abb. 17) opferte am Grab des Achilleus und bedaucrte es, keinen Homer als Sänger seiner Taten zu haben. In seinem Sinn baute sein Nachfolger Lysimachos (301–280 v. Chr.) das heruntergekommene Ilion aus und errichtete einen prächtigen Athenatempel, von dem heute nur noch verstreute Reste erhalten sind (Abb. 18). Wenig später besiegte Antiochus I. (281–261 v. Chr.) die von Europa nach Kleinasien eingefallenen Galater bzw. Kelten.

Seit dem 3. Jahrhundert v. Chr. bekannte sich Rom zu seiner troianischen Abstammung. Seine Stadtgöttin Roma erscheint als Troianerin mit phrygischem Helm auf den Münzen, ebenso die "troianische" Göttin Venus/Aphrodite. Als Mutter des Aeneas, des sagenhaften Helden, der die überlebenden Troianer nach Latium in Italien geführt und dort als Vorfahren des römischen Volkes angesiedelt hatte (Abb. 19), war dies auch die Göttin Iulius Caesars (Abb. 20), der 60–44 v. Chr. die Politik bestimmte. Caesars Patriziergeschlecht, das der Iulier, führte sich zum Ausbau seiner Herrschaftsideologie auf Aeneas' Sohn Ilos bzw. Iulus (Ascanius) zurück. Caesar plante noch einen Eroberungsfeldzug gegen die Parther auf den Spuren Alexanders, und es ging das Gerücht um, er wolle die Hauptstadt des neuen Weltreiches in der "alten Heimat" Troia errichten, doch wurden diese Pläne durch seine Ermordung vereitelt. Diese Absicht war auch insofern plausibel, als der Ort sehr verkehrsgünstig an der Nahtstelle zwischen Okzident und Orient, zwischen Mittelmeer und Schwarzem Meer liegt, demnach ideal für ein Machtzentrum schien. Und noch sein Erbe und Nachfolger Augustus (30 v. Chr.–14 n. Chr.; Abb. 21) mußte sich gegen solche Unterstellungen wehren, vor denen der patriotische Dichter Horaz ihn warnte: "Nur solange das Meer zwischen Rom und Ilion

Abb. 17 Alexander der Große als Sohn des Zeus Ammon. Silbermünze des Königs Lysimachos von Thrakien, Münzstätte Lampsakos, um 290 v. Chr.

Abb. 19 Aeneas mit dem Palladion und seinem Vater Anchises auf dem Rücken. Silbermünze Iulius Caesars, um 47 v. Chr.

Abb. 20 Iulius Caesar als Diktator auf Lebenszeit. Silbermünze des Aemilius Buca, 44 v. Chr.

Abb. 21 Caesar Octavianus Augustus. Silbermünze, um 34. v. Chr.

Abb. 22 Büste der Göttin Roma und des Römischen Senats zu beiden Seiten einer Statue der Athena von Ilion. Bronzemünze des Kaisers Caligula aus Ilion, 37 n. Chr.

wallt, wird die römische Herrschaft dauern" (Oden III 3, 37–38). Dennoch förderte Augustus die Mutterstadt Troia/Ilion nach Kräften, wie auch seine dortigen Münzprägungen beweisen – Münzbilder waren in der Antike überhaupt ein probates Mittel, um Politik unters Volk zu bringen. Auch unter Caligula (37–41 n. Chr.) und anderen römischen Kaisern wurde Troia bzw. der Athena von Ilion offizielle Reverenz im Münzbild erwiesen (Abb. 22–23).

Erst mit Konstantin dem Großen (306–337 n. Chr.; Abb. 24) schlug das Pendel zurück. Er machte Ernst mit der Verlagerung des Reichszentrums an die östlichen Meerengen; zunächst hatte er Ilion als neue Hauptstadt auserkoren und schon mit Neubauten begonnen, bis er sich 326 n. Chr. für Byzanz entschied, das er in Konstantinopel umbenannte. Dieser Ort war geographisch geeigneter, weil sein Hinterland die Bevölkerung einer Großstadt besser ernähren konnte. Unter Konstantin wurde das Christentum eine offiziell anerkannte Religion, wie die Anbringung des Christusmonogramms am Helm des Kaisers zeigt. Doch wurden die anderen Kulte weiterhin ausgeübt, so auch in Ilion. Als der spätere Kaiser Julian (Apostata oder der Abtrünnige; 361–363 n. Chr.) noch als Caesar im Jahr 355 n. Chr. nach Ilion kam, fand er dort am Bischofssitz Ilion immer noch Feuer auf den Altären und die Statue Hektors mit heiligem Öl gesalbt. Aus byzantinischer Zeit hören wir weiterhin von diesem Bischofssitz. Danach verliert sich die Kunde von der Stadt, der Mythos allerdings wirkt fort und wird zur Legende.

Die Troia-Legende

Die mittelalterlichen Troia-Romane –Rittergeschichten des 12. und 13. Jahrhunderts (beispielsweise Benoît de Sainte-Maure, Konrad von Würzburg, Herbort von Fritzlar) – berufen sich auf zwei angebliche Augenzeugenberichte von "Troia-Veteranen", die Troias Untergang schilderten: die des Kreters Diktys (1./3. Jh. n. Chr.) und des Phrygers Dares (2./5. Jh. n. Chr.) Demnach waren Franken und Burgunder, Normannen und Briten, aber auch Türken ihrem Selbstverständnis nach wie die Römer Nachkommen der Troianer. Seit Karl dem Großen war für den politischen Anspruch der Franken als dem neuen Reichsvolk die Legende vom Ursprung in Troia überaus nützlich,

Abb. 23 Die Göttin Roma mit dem Palladion. Goldmünze des Kaisers Antoninus Pius, um 150 n. Chr.

Abb. 24 Konstantin der Große mit Christusmonogramm am Helm und römischer Wölfin auf dem Schild. Silbermedaillon, 315 n. Chr.

wenn sie sich äußerlich auch nur auf mißverstandene Hinweise stützen konnte (Xanten = Xanthos, Colonia Traiana = Troiana).

Ritter des 4. Kreuzzuges, der von 1202 bis 1204 n. Chr. dauerte und nicht nach Jerusalem, sondern nach Konstantinopel führte, begründeten ihr im wahrsten Sinne des Wortes abwegiges Unternehmen auch damit, daß sie als Rächer der Niederlage Troias kämen. So erklärte der Kreuzfahrer Peter von Bracheux einem gegnerischen Heerführer: "Troia gehörte unseren Vorfahren, und die, so daraus entkamen, gingen, um dort zu wohnen, dahin, von wo wir gekommen sind; und weil es unsere Vorfahren waren, sind wir hierher gekommen, um ihr Land zu erobern".

Ganz ähnlich verhielt sich Sultan Mehmet II. Fatih. Er besuchte nach der Eroberung Konstantinopels auch Troia und die Grabhügel der Ebene (ca. 1462 n. Chr.), um damit zu bekunden, daß die Schmach gerächt sei.

Troia war aber nicht allein Ausgangspunkt politischer Legitimation. Die Geschichte vom Troianischen Krieg lieferte eine der Grundlagen der Bildung in der von Griechenland und Rom beeinflußten Welt – und das war der Kulturraum der Alten Welt. Das Hoch- und Spätmittelalter führte "Rittertum" und "Adel" auf diese angeblich gemeinsame Geschichte zurück. Auch auf diesen Wegen trug das Geschehen um Troia mit dazu bei, daß man an diesem Ort und in dieser Landschaft eine wichtige Wurzel westlicher Kultur und Geschichte erkennt oder zu erkennen glaubt.

Mythos und Wissenschaft

Homer beschreibt um 730 v. Chr. die Landschaft um Troia recht genau. Er oder seine Informanten müssen mit kritischen Augen über die Skamanderebene und auch über die mittlerweile verlandete Hafenbucht an der Ägäisküste gegangen sein. Im 8. Jahrhundert v. Chr. konnte man noch hohe Mauerreste von Troias Akropolis und den Verteidigungsanlagen der Unterstadt sehen, nicht jedoch die des befestigten achäischen Schiffslagers. Das schlug sich im Epos folgendermaßen nieder: nachdem die Achäer um ihr Lager eine starke Mauer gezogen hatten, beschwerte sich Poseidon, daß die von ihm erbaute Stadtmauer Troias nunmehr von der Mauer der Schiffslagerbefestigung in den Schatten gestellt würde. Zeus habe darauf dem "Erderschütterer" geraten, die Mauer der Achäer nach deren Abzug einzureißen und ins Meer zu schwemmen.

Den meisten Klassischen Philologen des 19. und beginnenden 20. Jahrhunderts schien ohnehin der Inhalt des Epos auf bloßer Fiktion zu beruhen, und in scharfsinniger Analyse begannen sie, den Wahrheitsgehalt zu bestreiten. Es gab Zeiten in der Wissenschaft, in denen sogar die Existenz einer Person "Homer" geleugnet wurde. Seit dem 17. und 18. Jahrhundert, dem Zeitalter der Aufklärung, suchten andererseits Reisende in diesem Gebiet der Erde nach allem, was ihnen von Jugend an aus Homers Epen lieb und vertraut war. Der Hellespont, die Insel, die Berge, selbst noch die Flüsse waren leicht zu identifizieren, die Befestigung des Schiffslagers war ohnehin nicht mehr zu finden. Die Reisenden vor Ort machten sich natürlich Gedanken, wo nun die Burg des Priamos gelegen haben könnte, und die meisten plädierten im 18. und 19. Jahrhundert für einen militärisch günstig gelegenen Siedlungsort namens Bunarbaschi (Pınarbaşı) - "Ilium vetus". Dieser befindet sich 8 km südlich des bescheidenen Hügels von Hisarlık. Letzterer war nur 31 m hoch und wies lediglich die Fläche eines größeren Stadions auf. Die Tradition in Griechenland und Rom ging freilich immer schon davon aus, daß Troia/Ilios hier lag. Folgerichtig errichtete man an dieser Stelle Ilion. "Ilium novum" oder "Ilium recens" wurde die Lokalität im 18. und 19. Jahrhundert genannt. Dort setzte 1863 zunächst der Engländer Frank Calvert und dann 1870 der Deutsche Heinrich Schliemann, der damals auch die russische und amerikanische Staatsbürgerschaft besaß, den Spaten an. Beide Forscher waren geleitet von den Angaben Homers.

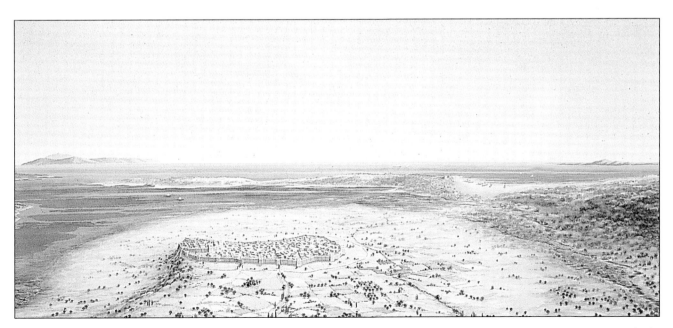

Abb. 25   Troia. Rekonstruktion der Burg des 13. Jhs. v. Chr. (Troia VI). Ansicht von Südosten mit Blick auf die Inseln Imbros und Samothrake.

Die archäologischen Funde

Tatsächlich stammte fast alles aus namenloser Vorzeit, was bei den Grabungen von Heinrich Schliemann und Wilhelm Dörpfeld 1871–1894 gefunden wurde. Gleiches gilt für die amerikanischen Grabungen unter der Leitung von Carl W. Blegen 1932–1938. Die Ergebnisse waren von höchstem wissenschaftlichen Interesse, aber doch recht fern von Homer und dem Geschehen der Ilias, das allgemein ins 13. Jahrhundert v. Chr. datiert wird. So sind die verschiedenen, von Schliemann entdeckten Schatzfunde Troias, wie wir heute wissen, etwa 1250 Jahre älter als die mutmaßliche Epoche des Priamos. Selbst die mächtigen Mauern der Befestigung von Troia VI, erst unter der Grabungsleitung Dörpfelds 1893 und 1894 entdeckt, die nun tatsächlich in die mykenische Epoche (Abb. 25–26, 29, 66–67, 97, 105) gehören (datiert nach mykenischer Keramik) und die eine imposante Rekonstruktion der "Burg des Priamos" ermöglichten, überzeugten manche Kritiker nicht (Abb. 34).

Bei den Tübinger Ausgrabungen der Jahre 1982 bis 1987 sieben Kilometer südwestlich an der Ägäisküste, im Norden der Beşik-Bucht (Abb. 27), zeigte sich, daß hier die wichtige Hafenbucht von Troia lag (Abb. 30–31). Darüber hinaus wurde ein Friedhof des 13. Jahrhunderts v. Chr. entdeckt und ferner die archaische Siedlung Achilleion (7./6. Jahrhundert v. Chr.). Schließlich konnte ein dort befindlicher, ebenfalls untersuchter Grabhügel als hellenistisches Denkmal interpretiert werden, an dem wahrscheinlich der Achilleus-Kult praktiziert wurde. Diese

Abb. 28   Depas amphikypellon (Troia II).

neuen Ergebnisse widersprechen nicht der Sicht der Ilias (und der Odyssee) aus dem ausgehenden 8. Jahrhundert v. Chr. Das Hauptinteresse galt aber bei diesen Grabungen den prähistorischen Epochen, das heißt, dem Neolithikum (5. Jahrtausend v. Chr.) und der Frühbronzezeit (3. Jahrtausend v. Chr.).

Die 1988 begonnenen neuen Ausgrabungen in Troia haben ebenfalls entschieden archäologische Ziele. Der prähistorische namenlose Ort bzw. das hellenistische und römische Ilion liegen an einer geopolitisch zentralen Stelle. Hier können für die Ur- und Frühgeschichtliche wie auch für die Klassische Archäologie entscheidende Erkenntnisse gewonnen werden. Die Frage nach einem eventuellen "historischen Kern" der Ilias steht im Hintergrund, wird aber nicht aus den Augen verloren.

Schon in der ersten Grabungskampagne kamen eindrucksvolle Straßenzüge und Mauerreste des römischen

Abb. 26   Mykenisches Gefäß (Troia VI).

EIN RUNDGANG DURCH TROIA

von Manfred Korfmann und Tübinger Studierenden der
Ur- und Frühgeschichtlichen Archäologie

Zur Geschichte der Entdeckung und Ausgrabung Troias

Der Großkaufmann Heinrich Schliemann (Abb. 32) war nach intensiver Lektüre der Ilias davon überzeugt, daß die von Homer geschilderte Stadt Troia bzw. Ilios südlich der Meerengen der Dardanellen (Hellespont) im 150 x 200 Meter großen Ruinenhügel Hisarlık (= burgbewehrt) zu suchen sei. Dieser liegt auf dem Ausläufer eines Kalksteinplateaus zwischen den Tälern des Skamander (Menderes) im Westen und des Simoeis (Dümrek) im Norden, ca. 6 km von der Ägäisküste und 4,5 km von der Dardanellenküste entfernt, demnach in strategisch hervorragender Lage (Abb. 30–31). Schon Frank Calvert hatte herausgefunden, daß der Hügel Hisarlık im Verlauf vieler Jahrhunderte künstlich entstanden war, und dort von 1863–1865 kleinere Grabungen durchgeführt.

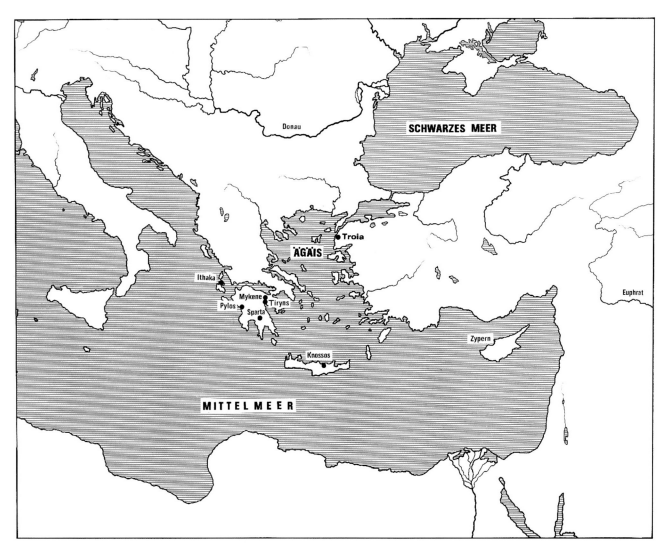

Abb. 29. Östliches Mittelmeer und Schwarzes Meer, die Welt der Mykener und Troianer (Luwier?) sowie der Hethiter.

1.-9. Grabungskampagne

Ausgrabungen in größerem Stil fanden (nach ersten Sondagen 1870) von 1871-1894 in neun Kampagnen statt. Sie standen bis 1890 unter der Leitung Schliemanns, der dafür eine große Summe seines Privatvermögens zur Verfügung stellte. Nach dessen Tod führte der Mitarbeiter und Architekt Wilhelm Dörpfeld (Abb. 33) das Grabungsprojekt in den Jahren 1893 und 1894 zu einem vorläufigen Abschluß.

Schliemann war von seinen Zielen besessen, und sein Umgang mit Menschen und Funden, insbesondere den "Schatzfunden", führte zu vielfachen Vorwürfen. Aus gegenwärtiger Sicht ist die Kritik berechtigt, denn er war und blieb ein Sucher nach archäologischen Schätzen, die er illegal aus dem Lande brachte.

In einer Zeit, da archäologische Grabungsmethoden gerade entwickelt wurden, betrat man in Troia methodisches Neuland. Anfangs wurden unwissentlich wichtige Zusammenhänge übersehen und zerstört. Schliemann lernte jedoch schon bald in Troia die Schichten zu trennen und zu deren Unterscheidung bestimmte Leittypen unter der reichhaltigen Keramik heranzuziehen. Frank Calvert (Konsul, ortskundiger Gelehrter, Antikensammler), Rudolf Virchow (Pathologe, Anthropologe und Prähistorischer Archäologe) und Wilhelm Dörpfeld (Architekt und Bauforscher) und andere unterstützten die Troia-Grabungen mit Rat und Tat.

Die übereinanderliegenden Schichten auf Hisarlık wurden von unten nach oben I-IX gezählt; diese Gliederung verdanken wir den Beobachtungen Dörpfelds.

In größerem Umfang wurden schon damals verschiedene naturwissenschaftliche Methoden eingesetzt. Richtungsweisend war auch die Erforschung der Landschaft um Troia, die parallel zur Ausgrabung des Zentralortes erfolgte (u. a. auch Ausgrabungen in Paşa-Tepe, Beşik-Sivritepe und anderen Grabhügeln, weiterhin an den Siedlungshügeln Hanay-Tepe und Karaağaç-Tepe).

Die Ausgrabungen in Troia erweckten in der Weltöffentlichkeit ein großes Interesse an archäologischer Feldforschung. Die Erfahrungen aus der Schliemanngrabung wurden für die Ausgrabungswissenschaft genutzt, und die Ergebnisse sind bis heute Grundlage für weitergehende Arbeiten, insbesondere in der Westtürkei und in den Nachbargebieten.

Funde: mehrheitlich in den Museen İstanbul, Athen und Berlin. Dubletten der insgesamt über 10 000 Berliner

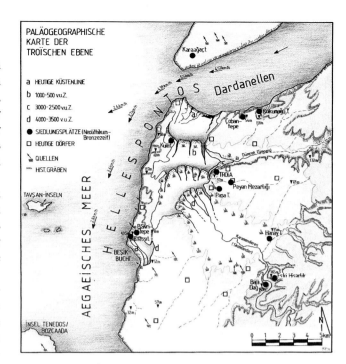

Abb. 30 Troia/İlion und Umgebung.

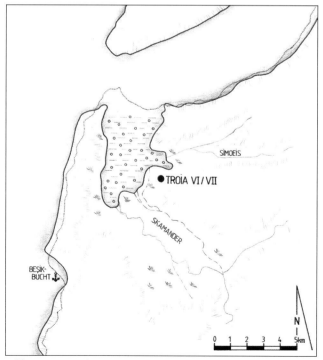

Abb. 31 Karte der Troianischen Ebene in der ausgehenden Spätbronzezeit.

Abb. 32   Heinrich Schliemann, 6.1.1822 – 26.12.1890,
im Alter von 58 Jahren.

Abb. 33   Wilhelm Dörpfeld, 26.12.1853 – 25.4.1940, im Alter
von etwa 85 Jahren.

Objekte wurden für Lehrzwecke an zahlreiche Universitäts– und Museumssammlungen abgetreten. Seit dem Zweiten Weltkrieg sind die wertvollsten Berliner Stücke in Moskau und St. Petersburg, andere wurden beschädigt oder gingen verloren (ca. 50 %).

1924 kleinere Ausgrabungen (durch Wilhelm Dörpfeld, Oscar Mey und Martin Schede) in der heute verlandeten Beşik-Bucht, wo der ehemalige Ägäishafen von Hisarlık-Troia lag; dort auch Grabungen an den Grabhügeln Üvecik-Tepe sowie Beşik-Sivritepe.

10.–16. Grabungskampagne

Von 1932–1938 wurden in sieben Kampagnen weitere Ausgrabungen in Troia durchgeführt. Die Arbeiten der Universität Cincinnati (USA) leitete Carl W. Blegen (Abb. 35). Dabei gelang durch verfeinerte grabungstechnische Methoden eine Untergliederung des Siedlungshügels in 46 Schichten bzw. Bauphasen. Auch hier wurde die landschaftliche Umwelt in die Forschung einbezogen (u. a. Ausgrabungen in Kumtepe, zusammen

Abb. 34 *Gelehrtenstreit um Troia: die Konferenz in Hisarlık 1889. In der Mitte sitzend Schliemann, dahinter rechts Dörpfeld, ganz links Hauptmann Boetticher.*

Abb. 35 *Carl William Blegen, 27.1.1887 – 24.8.1971, im Alter von etwa 60 Jahren.*

Abb. 36 *Troia 1996, die internationale Grabungsmannschaft.*

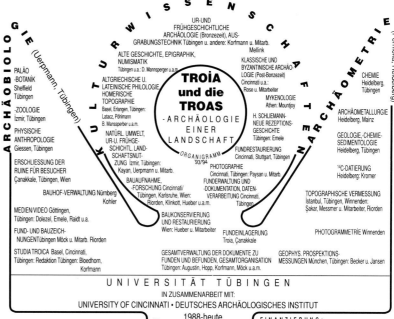
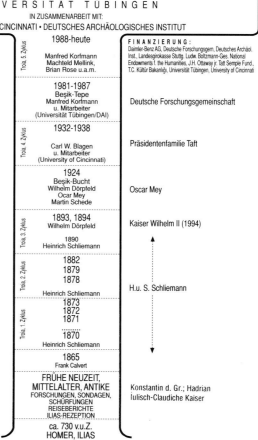

mit Hâmit Zübeyr Koşay, weiterhin in Karajur–Tepe, Ballı Dağ und Eski Hisarlık).

Funde: Museen İstanbul und Çanakkale.

1981 Oberflächenforschungen in der Beşik–Bucht, 1982 bis 1987 alljährliche Ausgrabungen im Norden der Bucht (Beşik–Yassıtepe, Beşik–Sivritepe, Beşik–Friedhof) unter der Leitung von Manfred Korfmann (Universität Tübingen).

17.–26. Grabungskampagne (Diese werden fortgesetzt)

1988 hat nach 50–jähriger Pause ein internationales Team (vornehmlich aus Türken, Deutschen und Amerikanern) unter der Leitung von Manfred Korfmann die Arbeiten in Troia wieder aufgenommen (Abb. 36–37). Die Grabung wird alljährlich in den Sommermonaten fortgesetzt.

Somit sind die hier präsentierten Ergebnisse teilweise sehr neu. Was die griechische und römische Antike angeht, basieren sie in großen Teilen auf der Arbeit von Ch. Brian Rose (zu den neuesten Ergebnissen s. die jährlich erscheinende Zeitschrift Studia Troica).

Die Funde verbleiben im Museum Çanakkale.

Abb. 37 Ein archäologisches Forschungsprojekt stellt sich vor: Kultur– und Naturwissenschaften sowie technische Dienste, Stand 1993/94.

Warum gibt es in Troia viele Schichten übereinander?

Der Siedlungshügel von Hisarlık entstand durch die glückliche Situation, daß

1. der günstig gelegene Platz innerhalb von etwa 3000 Jahren immer wieder besiedelt wurde und
2. dabei zum Bau der Hausmauern in größerem Umfang luftgetrocknete Lehmziegel verwendet wurden.

Dieses Baumaterial ist im Orient üblich, in Europa jedoch kaum bekannt. Bei Erneuerungsmaßnahmen waren luftgetrocknete Lehmziegel aus Altbauten wertlos. Dies führte zum Planieren der Vorgängerschicht und somit zum allmählichen "Hochwohnen".

Der Archäologe hat hier die willkommene Möglichkeit (Abb. 38–41), jüngere Funde und Befunde (= obere Siedlungsschichten) von älteren (= untere Siedlungschichten) zu trennen. Die unteren 7 "Pakete" aus Siedlungschichten oder Perioden (= Troia I – Troia VII) des Hügels Hisarlık bestehen aus den Resten von 41 Bauphasen. Obenauf kommt die Bautätigkeit der griechischen (Troia VIII) und römischen (Troia IX) Antike hinzu. Insgesamt bildete sich eine künstliche Erdanhäufung von über 15 Metern Höhe.

Die neun "Städte" Troias, von unten nach oben

Troia I (ca. 2920 – 2450 v. Chr. oder etwas jünger) = Frühe Bronzezeit II

Älteste Siedlung (Abb. 42) mit insgesamt 11 Schichten bzw. Bauphasen (Ia–Ik). Ein Dorf mit mehrfach verstärkten Umfassungsmauern aus Bruchsteinen. Südliches

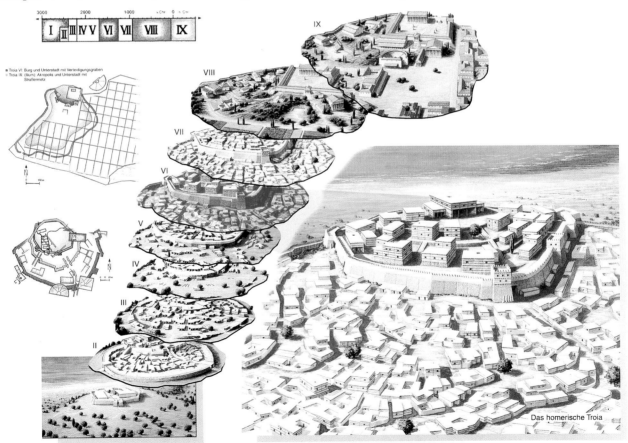

Das homerische Troia

Abb. 38   Rekonstruktion des Ortes in den Perioden Troia I-IX. (© Ch. Haußner).

27

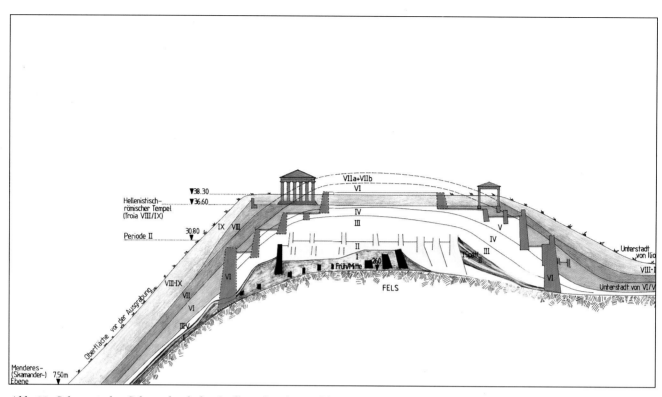

Abb. 39 Schematischer Schnitt durch den Siedlungshügel Hisarlık (Troia), mit Angabe der neun verschiedenen Perioden.

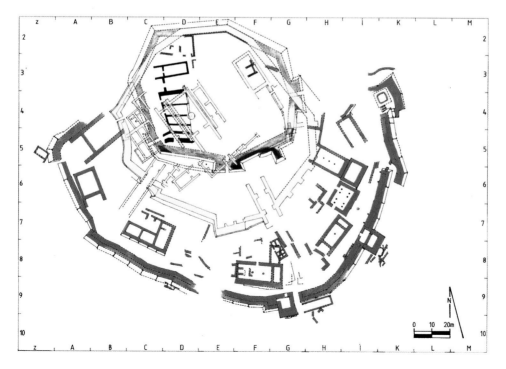

Abb. 41 Hisarlık (Troia) von ca. 2920 – ca. 1250 v. Chr., Entwicklung der Burg von Troia I über Troia I–Spät/Ende (=Troia II) bis Troia VI.

28

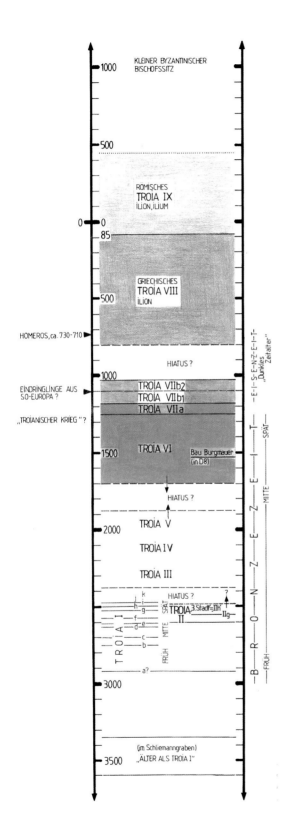

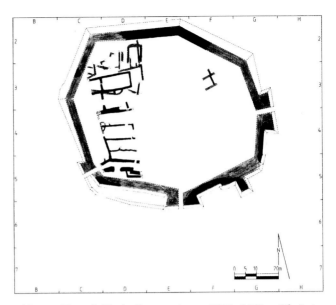

Abb. 42 Troia I (Frühe Bronzezeit, ca. 2920–2450 v. Chr.), im Schliemann–Graben ist der älteste Siedlungsabschnitt (ca. 2920-2800 v. Chr.) dunkel hervorgehoben.

Haupttor mit viereckigen Bastionen (Abb. 44), eine der frühesten Toranlagen Kleinasiens. Im "Schliemann-Graben" nebeneinandergereihte Langhäuser (Abb. 43), davon "Haus 102" auffallend durch Größe und Form. Lebensgrundlage: Ackerbau, Viehzucht, Fischfang. Handgeformte, dunkle Keramik. Verbreitung der Kultur von Troia I in den Küstenregionen der nördlichen Ägäis und des Marmarameeres. Handels- und Kulturbeziehungen sind bis weit ins Mittelmeer, nach Europa und Kleinasien nachweisbar.

Troia II (ca. 2600–2450 v. Chr.) = Frühe Bronzezeit II, wohl die höher gelegene Burg zur Siedlung Troia I-Ende

Ein wichtiger Fürsten- oder Königssitz, solide geplant und auf einer Fläche von knapp 9000 m² großzügig erbaut (Abb. 45–46). Die Anlage wird von einer ca. 330 m langen Verteidigungsmauer (aus Steinsockel und Lehmziegelober-bau) umfaßt. Nach acht Bauphasen (IIa-IIh) und mehrma-ligen Veränderungen der Verteidigungsmauern zwei-malige Zerstörung durch große Brandkatastrophen.

Abb. 40 Besiedlungsabfolge am Hisarlık-Tepe (Burgberg von Troia), Stand 1995.

Abb. 43   Troia I– Früh (Frühe Bronzezeit, ca. 2920-2800 v. Chr.), Steinfundamente der Langhäuser im Schliemann–Graben, von Süden.

Abb. 44   Troia I– Früh bis Troia I–Mitte (Frühe Bronzezeit, ca. 2920– ca. 2600 v. Chr.), Ostseite des Turmes am Südtor und Festungsmauer, von Süden.

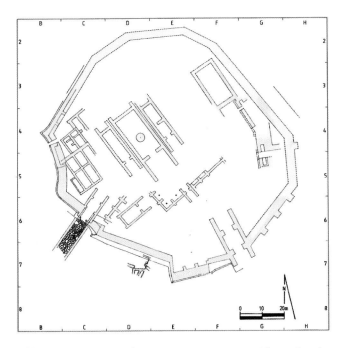

Abb. 45 Troia II (Frühe Bronzezeit, ca. 2450 v. Chr.). Plan der Burganlage.

Abb. 47 Troia II (Frühe Bronzezeit, ca. 2600-2450 v. Chr.). Festungsmauer, gepflasterter Aufgang zum Südwesttor, von Westen.

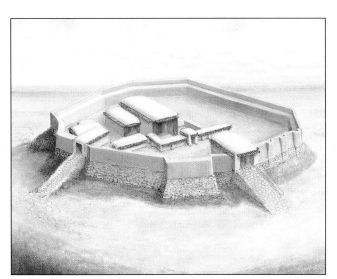

Abb. 46 Troia II (Frühe Bronzezeit, ca. 2450 v. Chr.). Rekonstruktion der Burganlage. © Ch. Haußner.

Die "verbrannte Stadt" ist eines der eindrucksvollsten Monumente der prähistorischen Archäologie.

Sie wurde anfangs von Schliemann für das von Homer beschriebene Troia/Ilios gehalten. Schliemann lernte jedoch im Verlauf der Ausgrabungen hinzu und akzeptierte wahrscheinlich seinen Irrtum, der, wie wir heute wissen, etwa 1250 Jahre ausmachte.

Südost- und Südwesttor mit repräsentativer Eingangshalle, vor dem Südwesttor eine steile, gepflasterte Rampe (Abb. 47) mit Randbegrenzung (restauriert).

Der innere Bereich ist durch eine weitere Toranlage (Propylon II) und überdachte Kolonnaden abgegrenzt.

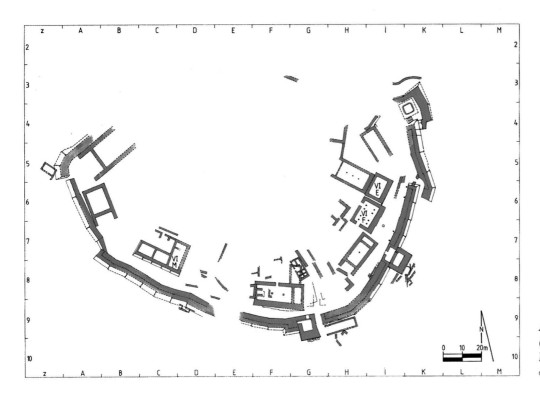

Abb. 48 Troia VI (Mittlere und Späte Bronzezeit, ca. 17.-13. Jh. v. Chr.).

Abb. 49 Troia VI (Späte Bronzezeit, ca. 1300 v. Chr.). Luftbild mit Burgmauer, Turm und Palästen, von Osten.

Abb. 50 Troia VI (Späte Bronzezeit, ca. 1300 v. Chr.). Luftbild mit Ansicht des Burgberges, von Norden.

Darin große Langhäuser mit Vorhalle (= Gebäudetyp "Megaron"), angebliche Vorform des griechischen Anten-Tempels. Bemerkenswert die Ausmaße (ca. 30 x 14 m) und die lange Nutzung des größten Megaronbaus: wohl Versammlungs- und Audienzraum. In und auf dem Brandschutt der Paläste und Wirtschaftsgebäude über 20 "Schatzfunde" (u. a. der sogenannte "Schatz des Priamos"; Abb. 93). Sie bezeugen Handelsbeziehungen in alle Himmelsrichtungen. Kunsthandwerkliche Spitzenarbeiten, die ansonsten in dieser Zeit außerhalb von Mesopotamien und Ägypten kaum bekannt sind. Völlig ungewöhnlich ist in diesen Breiten die umfangreiche Verwendung der Töpferscheibe (Abb. 85), wie auch der Besitz von Bronze (Zinn und Kupfer), eine entscheidende Voraussetzung für die Serienproduktion gegossener Metallwaffen und damit für militärische Macht.

Troia III–V (2450–1700 v. Chr.) = Frühe Bronzezeit III/ Mittlere Bronzezeit

Nach Troia I– Spät/Ende (= Burg von Troia II) gibt es eine kontinuierliche Weiterentwicklung der Kultur und wahrscheinlich auch der Residenz. Im Verlauf der Jahrhunderte Ausdehnung des Siedlungsgebietes auf 18000 m². Die Siedlungsabfolge, die im wesentlichen von Schliemann zu Anfang seiner Tätigkeit ausgegraben wurde, wird auf Grund der Ergebnisse der amerikanischen Grabungen in weitere 4 (Troia III), 5 (Troia IV) und 4 (Troia V) Schichten bzw. Bauphasen unterteilt. Wenig ist dokumentiert. Angeblich ärmlichere Ansiedlung mit kleinen Häusern und schmalen Gassen. Möglicherweise gehören jedoch einige der "Schatzfunde" zu diesen Schichten. Der Kuppelofen ist eine Neuerung am Ort. Der

Abb. 51 Troia VI (Späte Bronzezeit, ca. 15.–13. Jh. v. Chr.), Burgmauer mit Ostturm und Osttor, von Süden.

Abb. 52 Troia VI (Späte Bronzezeit, ca. 15.–13. Jh. v. Chr.), Nordostbastion der Burgmauer, von Osten. Links die Fundamente der Umfassungsmauer des gr.-röm. Tempelbezirks, Troia VIII/IX (3. Jh. v. Chr.).

Abb. 53 Troia VI (Späte Bronzezeit, ca. 1300 v. Chr.).
Burgmauer in Sägezahntechnik.

Abb. 54 Troia VI (Späte Bronzezeit, ca. 15.–13. Jh. v. Chr.),
Südtor der Burgmauer mit Turm und Stelen sowie Straße mit
Drainage, von Süden.
▼

*Abb. 55 Troia VI (Späte Bronzezeit ca. 1300 v. Chr.),
Verteidigungsgraben der Unterstadt.*

*Abb. 56 Troia VII (Späte Bronzezeit/Frühe Eisenzeit,
ca. 12.–11. Jh. v. Chr.).*
▼

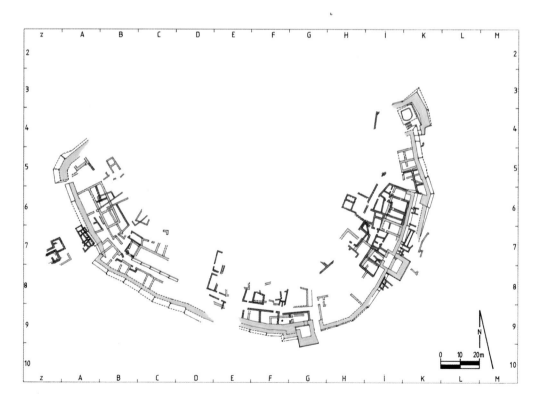

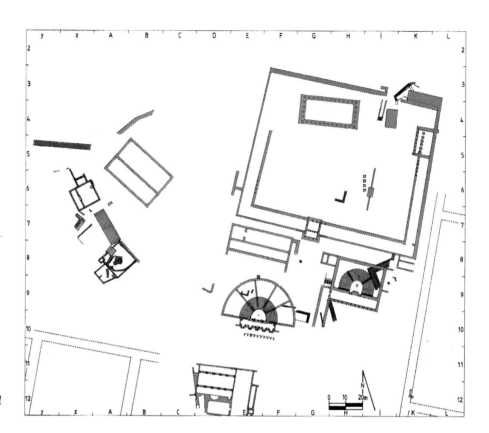

Abb. 57 Troia VIII–Spät:
hellenistisches Ilion (dunkelblau) und
Troia IX: römisches Ilium (blau).

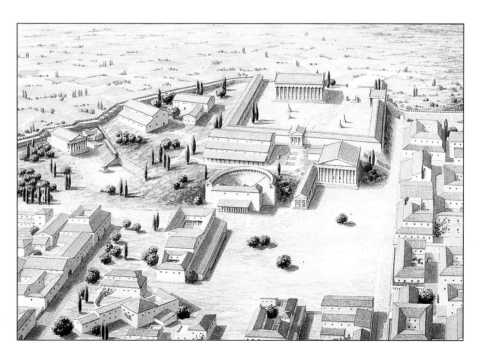

Abb. 58 Troia IX (römisches Ilium):
Rekonstruktion. © Ch. Haußner.

Abb. 59 Troia IX (römisches Ilium): Panzerstatue des Kaisers Hadrian aus dem Odeion.

Jagdanteil an der Ernährung nimmt deutlich zu. In der Keramik wenig Änderung. Typisch sind Gefäße mit Darstellungen menschlicher Gesichter und schlanke Becher mit gegenüberliegenden Henkeln (Gefäßart "Depas amphikypellon").
Zerstörung der letzten Bauphase durch Feuer.

Troia VI (ca. 1700 – ca. 1250 v. Chr.) = Mittlere Bronzezeit/Späte Bronzezeit, angeblich "Troia" oder "Ilios"

Grundlegend neu entstand ein Fürsten- oder Königssitz (Abb. 48–50) als Burganlage von etwa 20 000 m² Fläche. Sie übertraf an Größe (und wohl auch an Bedeutung) die bisherigen Anlagen auf Hisarlık und andere bislang erforschte im westlichen Kleinasien. 8 Bauphasen (VIa–VIh) konnten festgestellt werden. Technisch hochstehende, neuartige 552 m lange Befestigung aus leicht geböschter Mauer mit Quadersteinen, Sägezahnvorsprüngen, mächtigen Türmen (Abb. 51–53); Mauerbreite 4–5 m, Höhe über 6 m, darauf Oberbau aus Lehmziegeln. In die Siedlung führten mehrere Tore und Pforten, Haupttor im Süden, von einem Turm flankiert, davor Steinstelen (= freistehende aufrechte Blöcke) (Abb. 54). Eine Straße führte bergan. Die Innenbebauung lag auf Terrassen, die ringförmig hinter der Festungsmauer angelegt waren. Freistehende, teilweise zweistöckige Großbauten (auch Megara), nur im Randbereich der Akropolis erhalten, hinter der Verteidigungsmauer (Abb. 48). Wichtig ist Haus VIE mit steiler Außenmauer aus glatt geschnittenen Steinen und Haus VIF mit Steinpodesten für Ständer und Aussparungen für Balken; ebenfalls interessant das damals zweistöckige Haus VIM mit L–förmigem Grundriß und geböschter Fundamentmauer mit Sägezahngliederung.
Die Hauptpaläste werden im Zentrum vermutet. Ihre Reste wurden beim Bau des Athena-Tempels im 3. Jh. v. Chr. (Troia VIII) abgetragen. Die imposante Gesamtanlage, zweifellos von einer Autorität geplant, wurde unter der Leitung Dörpfelds ausgegraben und von ihm als homerisches Troia/Ilios (13. Jh. v. Chr.) gedeutet. Die letzte Bauphase dieser Schicht fand ihr Ende durch eine schwere Erdbebenkatastrophe.
Im Rahmen des Troia-Projekts wurde seit 1988 verstärkt nach einer Unterstadt zur Burg Troia des 2. Jts. gesucht. Diese ist mittlerweile nachgewiesen und wird ca. 400 m südlich der Burg von einer Verteidigungsanlage begrenzt (Abb. 55). Bislang konnten eindrucksvolle Bauwerke aus Holz festgestellt werden. Damit vergrößert sich die Besiedlungsfläche von Troia mit annähernd 200 000 m² um das Zehnfache. Die Bevölkerung wurde auf ca. 7000 Einwohner geschätzt. Mit diesen Erkenntnissen zählt Troia zu den größeren Handels- und/oder Residenzstädten Kleinasiens und des Nahen Ostens in dieser Zeit. In deren Bezugssysteme ist Troia auf verschiedenen Ebenen eingebunden.

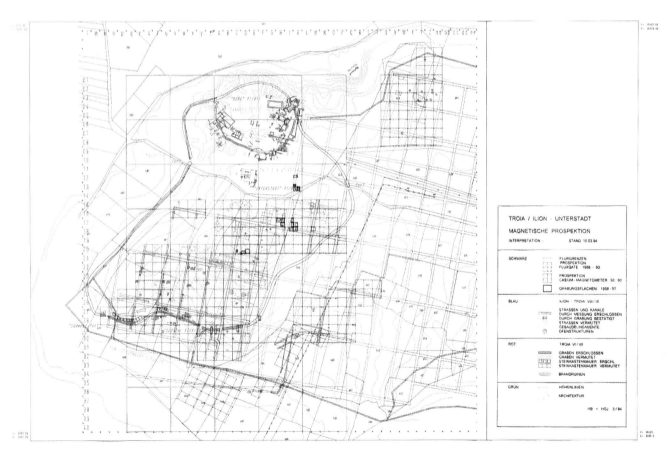

Abb. 60 *Burg Troia VI (rot) und Akropolis Troia VIII/IX (blau), jeweils mit Unterstadt.*

Abb. 61 Troia IX (römisches Ilium), Straße in der Unterstadt.

Ca. 550 m südlich der Burg wurde der Rand eines Friedhofes mit Brandbestattungen in Gefäßen entdeckt. Der Kern des Bestattungsplatzes dieser Zeit liegt möglicherweise zwischen dieser Fundstelle und der neu entdeckten Verteidigungsanlage im Norden.

Völlig neuartige Keramik, insbesondere graue Luxusware, die bis nach Griechenland verbreitet ist, imitiert metallische Vorbilder. Neu und beachtenswert ist auch die umfangreiche Verwendung des Pferdes (belegt durch zahlreiche Knochen). Intensive Handels– und Kulturbeziehungen zur Ägäis und nach Mykene, erkennbar an mykenischer Keramik, die im Verlauf der Zeit immer häufiger auftritt.

Troia VII (ca. 1250 – ca. 1040 v. Chr.) = Späte Bronzezeit/ Frühe Eisenzeit, angeblich "Troia" oder "Ilios".

Bauphase VIIa (bis ca. 1150 v. Chr.)

Hausruinen und Teile der Burgmauern von Troia VI wurden ausgebessert und weiter verwendet (Abb. 56). Kein Kulturbruch zwischen Troia VI und Troia VIIa, jedoch deutlich dichtere und kleinere Bebauung in klarer Anordnung. Zunahme der Population, auch Zunahme der Vorratsgefäße innerhalb der Burg und wohl auch in der Außensiedlung. Mykenische Keramik wird weiterhin verwendet. Die amerikanischen Ausgräber setzen die

Abb. 62   Troia IX (römisches Ilium): Geometrisches Mosaik in der Unterstadt.

Siedlung Troia VIIa, die durch Brand zerstört wurde, mit "Troia" bzw. "Ilios" der Ilias gleich. Deutung nicht unumstritten.

Bauphasen VIIb$_1$ und VIIb$_2$, neuerdings VIIb$_3$ usw. (bis ca. Anfang 10. Jh. v. Chr.)

Diese Bauphasen setzen einiges Vorherige fort, z. B. Weiterbenutzung von Teilen der Befestigungsmauer. Jedoch gibt es eindeutig neue Kulturelemente in den unteren wie oberen Schichtenbereichen. Handgefertigte Keramik taucht nach 1000 Jahren Drehscheibe plötzlich wieder auf. Die unteren Mauerteile werden nun durch senkrechte, unregelmäßige Steinplatten verkleidet. In welcher Form Troia VIIb$_1$ zu Ende ging, ist ungeklärt. Keine Zerstörung, wahrscheinlich Übernahme der Siedlung durch eine verwandte Kulturgruppe. Eine auffällige, unter anderem mit Riefen und Buckeln verzierte Ware, deren Analogien man in Südosteuropa findet, ist vorherrschend. Ende der VIIb–Bauphasenabfolge durch Brand. Eventuell gewaltsame Einnahme des Ortes.

Verfall des Siedlungsplatzes, totale Siedlungsunterbrechung für etwa 250 Jahre?

Abb. 63   Troia IX (römisches Ilium), Aquädukt östlich von Troia.

Troia VIII (kurz vor 700–85 v. Chr.) = Griechische Zeit, Ilion

Zweieinhalb bis drei Jahrhunderte später, zu Lebzeiten (!) Homers, Besiedlung der größtenteils verlassenen Stätte durch kleinasiatische Griechen: Ilion (Abb. 57). Reste von Troia VI/VII – Monumenten wurden in die neu errichteten Festungs– und Hausmauern mit einbezogen. Zunächst bescheidene Ansiedlung, später, insbesondere ab Beginn des 3. Jhs. v. Chr., ausdrückliche Verehrung der "Heiligen Stadt Ilios" mit Kybele(?) - Heiligtum außerhalb

im Südwesten und Tempel der Athena von Ilion innerhalb des Burgberges. Von der eigentlichen Tempelanlage gibt es am Ort keine Zeugnisse mehr, abgesehen von einigen Quaderunterbauten der Altäre und von verstreuten Baugliedern aus Marmor. Spätestens beim Tempelbau wurden die zentralen und hochgelegenen Gebäude der Schichten Troia VII und Troia VI planiert (Abb. 39).
Im Süden regelhafter Ausbau einer Unterstadt über und in den Ruinen der Unterstadt von Troia VI/VII (Abb. 60). 85 v. Chr. gründliche Zerstörung durch die Römer.

Troia IX (85 v. Chr. - ca. 500 n. Chr.) = Römische Zeit, Ilion, Ilium

Wiederaufbau des Athena-Tempels, insbesondere unter Kaiser Augustus, dessen Herrscherhaus Troia als angeblichen Herkunftsort seiner Vorfahren (Aeneas) in Ehren hielt. Hiervon sind lediglich erhalten (Abb. 57): mächtige, lange Fundamentzüge der Hallen und Begrenzungsmauern, die den 9 500 m^2 großen, quadratischen heiligen Bezirk umgaben; am südlichen Abhang der Ruinen der "Heiligen Ilios" Altäre und ein Versammlungsbau sowie ein kleines überdecktes Theater aus der Zeit des Augustus mit Umbau unter Caracalla (Odeion; Abb. 59. 101); nicht weit davon eine Sport- und Badeanlage(?) mit (heute nicht mehr vorhandenen) Mosaikfußböden; ein großes Theater (als Geländemulde) im Nordosten des Tempelberges (Abb. 69. 72). Ilion bzw. Ilium wird bis ins 3. Jh. n. Chr. von Rom aus mäzenatenhaft gefördert. Die Unterstadt wird erneuert und mehrfach im althergebrachten Insula-System ausgebaut und von einer 3,5 km langen Stadtmauer umgeben (Abb. 60-62). Konstantin der Große plante zu Beginn des 4. Jhs. n. Chr. zunächst die Errichtung seiner Hauptstadt in Ilion, wo auch schon mit Bauarbeiten begonnen wurde.

Die Wasserversorgung Ilions erfolgte über Aquädukte (Abb. 63) und Tonleitungen aus dem Ida-Vorgebirge.

Die römischen Begräbnisstätten liegen mehrheitlich im Südosten der Stadt.

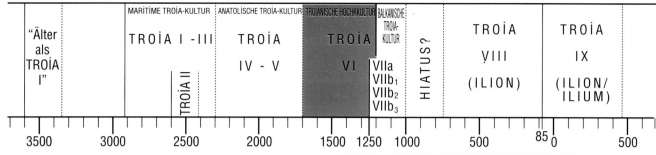

	MARITIME TROIA-KULTUR	ANATOLISCHE TROIA-KULTUR	TROIANISCHE HOCHKULTUR	BALKANISCHE TROIA-KULTUR			
"Älter als TROIA I"	TROIA I - III (TROIA II)	TROIA IV - V	TROIA VI	VIIa VIIb$_1$ VIIb$_2$ VIIb$_3$	HIATUS?	TROIA VIII (ILION)	TROIA IX (ILION/ ILIUM)

3500 3000 2500 2000 1500 1250 1000 500 85 0 500

2   Troia VI

Ost-Mauer

Sie stehen hier auf den Überresten der äußeren Mauer des römischen Tempelbezirks aus der Periode Troia VIII/IX (III Jh. v. Chr. – ca. 500 n. Chr.).

Vor Ihnen liegt die Burgmauer von Troia/Ilios. Sie erkennen den Ostturm, die Ostmauer (mit Toreingang) und dahinter "Paläste" der Periode Troia VI (ca. 1700–1250 v. Chr.) sowie auf der Festungsmauer noch Hausreste von Troia VII. Troia VI wurde wahrscheinlich 1250 v. Chr. durch ein Erdbeben zerstört, Troia VIIa und VIIb durch eine Brandkatastrophe.

Hinter Ihnen lag die Unterstadt des griechisch-römischen Ilion. Die Dardanellen befinden sich im Norden, die Ebene des Kara Menderes (des alten Skamander) erstreckt sich nach Westen hin. An klaren Tagen sehen Sie im Südosten die Spitzen der Kaz Dağları (Ida-Gebirge), im Südwesten einen der Grabhügel (Üvecik-Tepe) und als Senke die Hafenbucht an der Ägäis-Küste (Beşik-Bucht) mit der Insel Bozcaada (Tenedos) im Hintergrund (Abb. 64).

Die Ost-Mauer und das Tor

Der Gesamtumfang der Burgbefestigung betrug ca. 550 m. Erhalten sind davon noch ca. 330 m.

Das vor Ihnen liegende Teilstück zeigt eine ausgefeilte Bautechnik und saubere Bearbeitung der Kalksteinquader. Die Mauer wird durch vertikale Rücksprünge sägezahnartig gegliedert. Diese nehmen optisch die Kanten der wahrscheinlich ehemals oben aufgelegten Holzrahmen samt Oberbau auf. Die Höhe des leicht nach innen geneigten Unterbaus beträgt 6 m, seine Stärke 4,5–5 m. Der nicht erhaltene Oberbau war nochmals 3–4 m hoch.

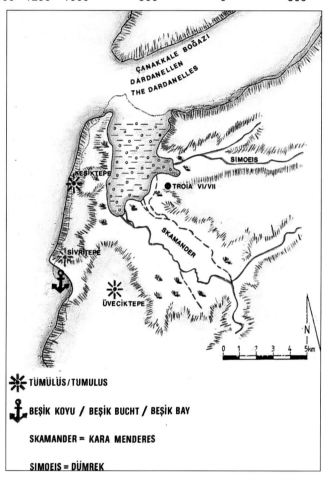

Abb. 64   Ehemaliger Küstenverlauf im 2. Jt. v. Chr.

Für ihn dienten neben Holzbindern luftgetrocknete Lehmziegel als Baumaterial. In der Spätzeit der Benutzung wurde der Aufbau durch eine schmalere Steinmauer ersetzt (Abb. 96).

Abb. 65   Troia VI. Rekonstruktion. © Ch. Haußner.

Den Zugang zum Burginneren bilden zwei sich überdek-
kende Mauerzüge. Schon in hellenistischer Zeit wurde in
den östlichen Abschnitt die Stütz- und Fundamentmauer
des Tempelbezirks tief eingeschnitten.

Der Ost-Turm

Dieser mächtige Turm, der erst in einer Spätphase vor die
Mauer gebaut wurde, ist sehr sorgfältig gearbeitet. Er hat
eine Breite von 11 m und ragt 8 m vor. Seine Ostmauer
ist 3 m stark. Er gliederte sich in zwei Geschosse, die durch
eine Holzbalkendecke getrennt waren. Der Zugang war
nur vom zweiten Stock aus möglich.

Die "Paläste"

Die Paläste VIE und VIF, deren 1 m breite Außenmauern
radial aufs Zentrum der Burg ausgerichtet sind, haben je-
weils nur einen Innenraum (64 bzw. 98 m²).
Innerhalb der Westwand des Palastes VIF befinden sich
ausgesparte Nischen für eingelegte Balkenzüge. Auf dem
Fußboden sind Steinpodeste für Pfeiler erhalten. Der
Raum hatte zwei Zugänge. Die Stützmauer des Gebäudes
VIF zeigt eine versierte Bautechnik, aufgrund derer das
Gebäude an das Ende der Periode Troia VI datiert wird
(ca. 1400-1250 v. Chr.). Diese Mauer weist ebenfalls die
Sägezahntechnik auf. Zwischen den Gebäuden VIE und
VIF verlief eine etwa 1 m schmale Gasse.

Abb. 66   Mykenische Keramik (Troia VI).

Abb. 67   "Mykenische Pfeilspitzen" aus Bronze (Troia VI).

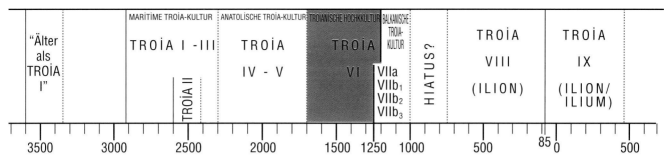

		MARITIME TROIA-KULTUR	ANATOLISCHE TROIA-KULTUR	TROIANISCHE HOCHKKULTUR	BALKANISCHE TROIA-KULTUR			
"Älter als TROIA I"		TROIA I -III (TROIA II)	TROIA IV - V	TROIA VI	VIIa VIIb$_1$ VIIb$_2$ VIIb$_3$	HIATUS?	TROIA VIII (ILION)	TROIA IX (ILION/ILIUM)

3500 3000 2500 2000 1500 1250 1000 500 85 0 500

3   Troia VI

Nordost-Bastion

Sie stehen auf den Fundamentresten eines Altares, der zum griechisch-römischen Tempel der Athena gehörte (Informationstafel 4). Dessen Überreste waren bereits durch Steinraub abgetragen, als im Jahr 1871 Schliemann mit seinen Grabungen begann. Auf gleichem Niveau wie der ehemalige Tempel wurden weitere Fundamentreste aus Kalkstein entdeckt. Sie rühren von Statuen, Weihgeschenkbasen und anderer Kleinarchitektur im Hof der Tempelanlage her, deren marmorne Ausstattung teilweise noch zutage kam.

Die Nordost-Bastion (Troia VI)

Zu der stark befestigten Anlage von Troia VI gehört der Nordost-Turm, die mächtigste Bastion von Troia (Abb. 68-69). Sie umschließt einen 10 m tiefen artesischen Brun-

Abb. 68 Rekonstruktion der Burganlage Troia VI mit der Nordostbastion.

Abb. 69   Blick auf die Nordost-Bastion, im Hintergrund die Cavea des Großen Theaters.

nen, der während Troia VI angelegt und in Troia VII erneuert worden ist. Der auch von außen zugängliche Turm bestand aus einem mächtigen, direkt auf dem Fels errichteten steinernen Unterbau (18 x 18 m, Höhe min-

47

Abb. 70 Nordost–Bastion (Troia VI) mit Treppe zum tiefer gelegenen Brunnen (Troia VIII) und Begrenzungsmauer des gr. – röm. Tempelbezirkes (Troia VIII/IX), vor der Restaurierung.

Abb. 71 Nordost–Bastion (Troia VI) mit Treppe zum tiefer gelegenen Brunnen (Troia VIII) und Begrenzungsmauer des gr. – röm. Tempelbezirkes (Troia VIII/IX), nach der Restaurierung.

Abb. 72 Großes Theater nach der Ausgrabung, von Nordosten.

destens 9 m, heute 7 m) und einem Oberbau aus unge-
brannten Ziegeln. Wie der obere Abschluß des Turmes
aussah, ist unbekannt.

In der Zeit von Troia VIII/IX wurde der Turm mit der
Begrenzungsmauer des Tempelbezirkes der Athena über-
baut. An der Nordseite des Turmes entlang führte zur Zeit
von Troia VIII eine schmale (von hier aus nicht sichtbare)
Treppe zu einem weiter unten liegenden Brunnen hinab
(Abb. 70–71). Nach Osten schloß die Unterstadtmauer an,
die hier auch ein Tor hatte.

(Zur Besichtigung des Turmes von außen bitte – sofern
geöffnet – den Nebenweg zwischen Informationstafel 4
und 5 benutzen.)

Das Große Theater (Troia VIII/IX)

Hinter dem Turm weist im Osten eine Bodensenke in der
Landschaft auf die Lage des Großen Theaters der
griechisch-römischen Stadt Ilion hin (Abb. 69, 72). Das
Theater, das Raum für ca. 6000 Zuschauer bot, zeichnete
sich durch reichen Skulpturenschmuck aus. Es wurde im
späten 4. Jh. v. Chr. erbaut, von Fimbria im Jahre 85 v.
Chr. zerstört und unter Kaiser Augustus (31 v. Chr. –
14 n. Chr.) renoviert.

Es ist nur zum Teil ausgegraben.

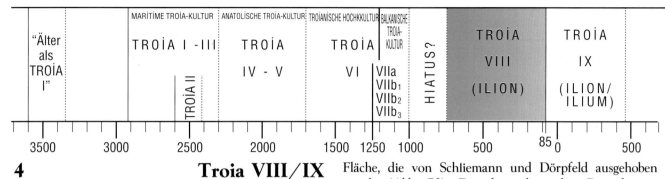

"Älter als TROİA I"

TROİA I - III

TROİA II

TROİA IV - V

TROİA VI

VIIa
VIIb$_1$
VIIb$_2$
VIIb$_3$

HIATUS?

TROİA VIII (ILION)

TROİA IX (ILION/ ILIUM)

3500   3000   2500   2000   1500 1250 1000   500   85 0   500

4 Troia VIII/IX

Athena-Tempel

Sie befinden sich nun in dem Gebiet, in dem einst der Vorhof zum Athena-Tempel des griechisch-römischen Ilion lag. Unterhalb Ihres Standplatzes blicken Sie auf eine Fläche, die von Schliemann und Dörpfeld ausgehoben wurde (Abb. 73). Die darin liegenden Bauteile aus Marmor gehörten einst zum Tempel der Athena (Abb. 75.76.18). Der Tempel, dessen Unterbau 36 x 16 m maß, war von einer Säulenhalle dorischer Ordnung umgeben, die eine Kassettendecke trug (Abb. 74-75). Auf dem Gebälk waren außen Metopen (Reliefplatten) angebracht, von denen die berühmteste eine Darstellung des

Abb. 73 Blick in die Ebene nach Norden in Richtung Dardanellen.

50

Abb. 74 *Athena-Tempel, Rekonstruktion der Vorhalle.*

Abb. 75 *Athena-Tempel, Fragment der Kassettendecke.*

Abb. 76 *Athena-Tempel, Fragment des Schräggeisons.*

Apollon-Helios zeigt (Abb. 18); sie befindet sich jetzt in Berlin. Den Tempel hatte Lysimachos, einer der Nachfolger Alexanders des Großen, vermutlich um 300 v. Chr. erbauen lassen. Er wurde in römischer Zeit erneuert, wohl auf Anordnung des Kaisers Augustus (31 v. Chr. – 14 n. Chr.). In griechischer und römischer Zeit stand der Tempel im Mittelpunkt von Feiern anläßlich eines jährlich wiederkehrenden Festes zu Ehren der Göttin Athena; dieses Fest wurde mit Opfern und Wettkämpfen begangen.

Abb. 77 Troia VIII. Rekonstruktion. © Ch. Haußner.

Abb. 78 Südtor Troia I, heutiger Zustand.

Abb. 79 Südtor Troia I, Rekonstruktion mit Lehmziegelaufmauerung.

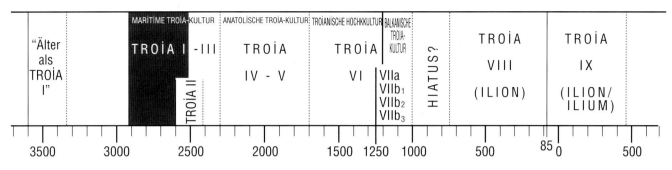

	MARITIME TROIA-KULTUR	ANATOLISCHE TROIA-KULTUR	TROIANISCHE HOCHKKULTUR	BALKANISCHE TROIA-KULTUR			
"Älter als TROIA I"	TROIA I - III TROIA II	TROIA IV - V	TROIA VI	VIIa VIIb₁ VIIb₂ VIIb₃	HIATUS ?	TROIA VIII (ILION)	TROIA IX (ILION/ ILIUM)

3500   3000   2500   2000   1500 1250 1000   500   85 0   500

5

Troia I

Befestigungsmauer

Sie sehen einen Ausschnitt der Befestigung von Troia I-Früh und -Mitte sowie einen turmartigen Vorsprung, hinter dem das Südtor dieser Bauperiode lag (Abb. 78-79). Die Torgasse war nur 2 m breit.

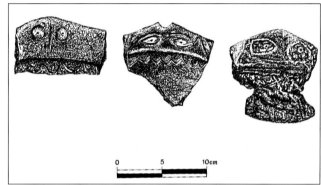

Abb. 81   Schalen mit Augenverzierung aus Troia I.

Abb. 80   Steinstele mit Reliefdarstellung.

Troia I war ca. 2920 v. Chr. unmittelbar auf dem Felsen errichtet worden. 4 m hohe Schuttschichten lassen auf eine lang andauernde Siedlungsperiode schließen. Die leicht nach innen geneigte Befestigungsmauer bildete den Abschluß einer Siedlung von ca. 90 m Durchmesser.

Vor dem Turm stand mindestens eine Steinstele (Abb. 80) mit der Reliefdarstellung des Oberteils eines menschlichen Körpers (mit Waffe?). Die Tradition solcher Stelen scheint in Troia Jahrhunderte weiterzuleben: gut 1000 Jahre später finden sich erneut Steinstelen vor dem Südtor von Troia VI (Informationstafel 12).

Weitere Befunde der frühen Besiedlungszeit von Troia I (Abb. 81) sehen Sie am Standort der übernächsten Tafel (Informationstafel 7).

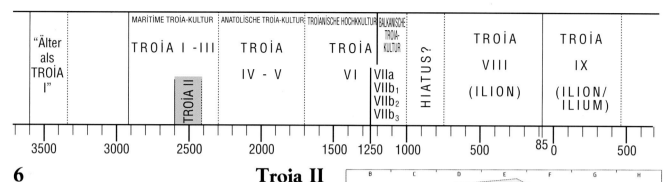

		MARİTİME TROİA-KULTUR	ANATOLISCHE TROİA-KULTUR	TROİANISCHE HOCHKKULTUR	BALKANISCHE TROİA-KULTUR			
"Älter als TROİA I"		TROİA I -III	TROİA IV - V	TROİA VI	VIIa VIIb$_1$ VIIb$_2$ VIIb$_3$	HIATUS?	TROİA VIII (ILION)	TROİA IX (ILION/ ILIUM)

TROİA II

3500 3000 2500 2000 1500 1250 1000 500 85 0 500

6   Troia II

Residenz

Troia II umfaßt in der Siedlungsabfolge der Burg ein ca. 3 m mächtiges Schichtenpaket. Darin ließen sich bei den Ausgrabungen acht einzelne Bauphasen unterscheiden, die jeweils an Änderungen der Befestigungsanlage und/oder der Innenbebauung zu erkennen waren (Informationstafel 6). Die wichtigsten Phasen der Burganlage sind Troia IIc und Troia IIg, die "Verbrannte Stadt", in der Schliemann u. a. den berühmten "Schatz des Priamos" fand.

Die meisten hier noch sichtbaren architektonischen Reste stammen aus Troia IIc (Abb. 82–83). Es handelt sich um eine Reihe von drei parallel gebauten Langhäusern mit Vorhalle, den sogenannten Megaronhäusern. Das größte dieser Häuser ist Megaron IIA (ca. 30 x 14 m). Der Grundriß gilt als mögliche Urform des griechischen Tempels. Originale Teile dieses Gebäudes vor Ihnen sind durch eine Erdaufschüttung geschützt. Grundriß und ehemalige komplizierte Baukonstruktion sind nur noch andeutungsweise erkennbar. Die Stirnseite war mit senkrecht gestellten Holzpfosten verkleidet.

Zugänglich war die Anlage durch das große Festungstor FO und einen kleineren Torbau IIC, von dem Sie hinter sich noch den großen Schwellenstein (3 x 1,1 m) sehen können. Ein weiterer Zugang lag im Westen (Tafel 8).

Die gesamte Burganlage von Troia II hat einen stark repräsentativen Charakter. Es handelt sich um eine Palastanlage oder Residenz, die wohl auch kultische Zwecke erfüllte. Zu dieser Burg gehörte eine Untersiedlung, deren Existenz sich im Verlauf der letzten Grabungskampagnen andeutete. Sie besteht aus Gebäuden, die man üblicherweise mit den späten Phasen von Troia I verbinden würde, die allerdings zeitgleich mit Troia II zu sein scheinen. Wahrscheinlich lebte in der Burg von Troia II

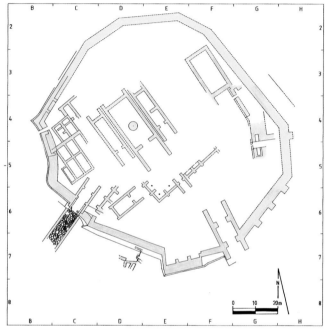

Abb. 82 Plan der Burg Troia II.

mit ihren herrschaftlichen Charakteristiken eine "Oberschicht" im doppelten Sinne des Wortes. In der Untersiedlung (Troia I-Spät/Ende) wohnte möglicherweise die einfache (angestammte?) Bevölkerung.

Auf die herausragende Bedeutung der Burg weisen auch die Funde. Die sogenannten Schatzfunde zeugen nicht nur von einem für diese Zeit unermeßlichen Reichtum, son-

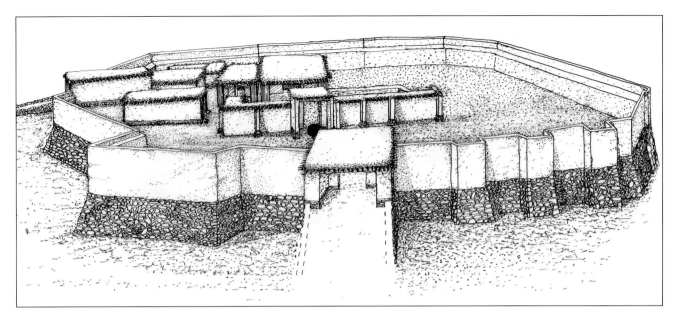

Abb. 83 Rekonstruktion der Residenz Troia II mit Markierung Ihres Standortes.

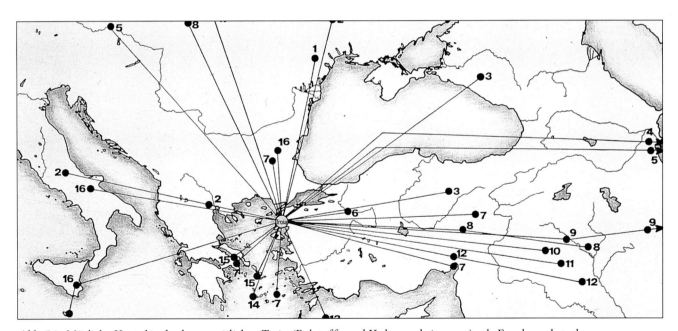

Abb. 84 Mögliche Kontakte des bronzezeitlichen Troia (Rohstoffe und Kulturerscheinungen), als Forschungshypothesen.

1 Nephrit	6 Augensymbolik	11 Korbohranhänger	16 Buckelleisten
2 Hammerkopfnadeln	7 Depata amphikypella	12 Töpferscheibe	17 Schnurkeramik
3 Schatzfunde	8 Gesichtsurnen	13 Gold	
4 Lapislazuli	9 Brillenkopfnadeln	14 Obsidian	
5 Zinn	10 Volutenhenkel	15 Saucieren	

*Abb. 85a.b   Tonware, auf der
schnelldrehenden Töpferscheibe gefertigt.*

dern auch von erstaunlicher Handwerkskunst. Troia zählt außerdem zu den ältesten Plätzen der Alten Welt, an denen die Verwendung von Zinn zur Bronzeherstellung nachgewiesen wurde. Hier benutzte man auch erstmals im ägäischen Kulturraum die schnell rotierende Töpferscheibe zur Keramikproduktion. Rohstoffe wie Zinn oder der Halbedelstein Lapislazuli müssen über sehr lange Handelswege nach Troia gelangt sein. Solche Kontakte unterstreichen die große Bedeutung dieser Siedlung in der Frühen Bronzezeit (Abb. 84–85).

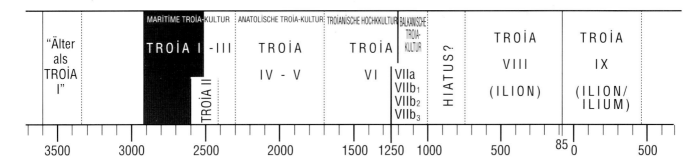

7 Troia I

Schliemann–Graben

Während der ersten drei Grabungsjahre ließ Schliemann einen 40 m breiten und 17 m tiefen Nord–Süd–Graben durch die Mitte des Siedlungshügels treiben (Abb. 86–88). Er war als "Suchgraben" angelegt, der bis auf den Fels reichte: Schliemann hoffte, auf diese Weise die "Burg des Priamos" zu finden. Dabei wurden wichtige Gebäudereste der darüberliegenden Schichten teilweise oder vollständig zerstört. Am Grund des Grabens wurden Mauerreste der frühen Periode Troia I (ca. 2920 v. Chr) entdeckt, die vor Ihnen zu sehen sind.

Erst bei den amerikanischen Ausgrabungen der 30er Jahre und bei denjenigen seit 1988 wurde die Periode Troia I genauer erforscht.

Abb. 86   Schliemann–Graben 1893, Mauer g in "Fischgrättechnik" (Troia I).

Abb. 87 Schliemann-Graben 1987.

Abb. 88 Schliemann-Graben 1992.

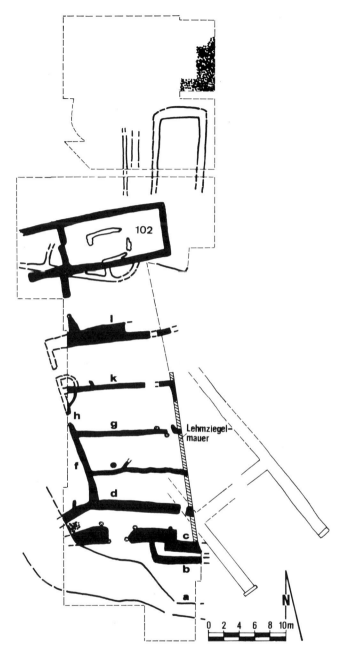

Abb. 89 Schliemann-Graben, Plan mit Haus 102.

Unmittelbar unterhalb Ihres Standpunktes liegt der Rest einer geböschten Mauer mit Steinhinterfüllung, die als wallartige Befestigungsmauer der frühen Troia I-Periode angesehen wird.

Abb. 90 Kinderbestattung unter Haus 102.

Die Linien paralleler Bruchsteinmauern, die Sie dahinter erkennen, stellen die Fundamente für die Mauern von relativ großen, nebeneinander liegenden Häusern aus der Frühen Bronzezeit dar (ca. 2920 v. Chr.). Diese langgestreckten Häuser hatten teilweise einen Vorraum. Interessant ist die Technik, Steine schräg zu vermauern (Fischgrättechnik), die z. B. an Mauer g zu beobachten ist (Abb. 86). Haus 102 aus der Bauphase Troia Ib fällt in Größe und Form besonders auf (Abb. 89).

Die Aufbauten der Häuser bestanden vermutlich aus luftgetrockneten Lehmziegeln oder Holzstämmen und Flechtwerk aus Zweigen, das mit Lehm verputzt war. Das Dach war flach und mit Lehm bedeckt. Davon ist jedoch nichts erhalten.

Die lange, im Grabungsjahr 1988 errichtete Stützmauer vor dem Erdprofil auf der rechten Seite besteht vollständig aus luftgetrockneten Lehmziegeln. Die Mauer verläuft etwa dort, wo die Langhäuser enden.

Im Norden des Grabens wurden einige Kinderbestattungen in Hockerstellung entdeckt (Abb. 90). Zu dieser Zeit war es jedoch nicht ungewöhnlich, Kinder im Siedlungsbereich beizusetzen.

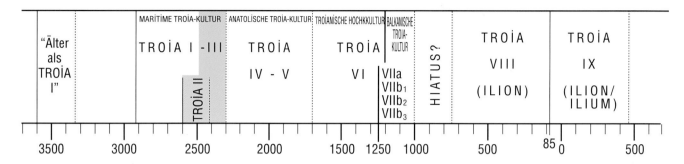

"Älter als TROİA I"		MARİTİME TROİA-KULTUR		ANATOLİSCHE TROİA-KULTUR		TROİANİSCHE HOCHKKULTUR	BALKANİSCHE TROİA-KULTUR	HIATUS?	TROİA VIII (ILION)	TROİA IX (ILION/ ILIUM)
		TROİA I -III	TROİA II	TROİA IV - V		TROİA VI	VIIa VIIb₁ VIIb₂ VIIb₃			
3500	3000	2500	2000	1500	1250	1000	500	85 0	500	

8

Rampe

Troia II

Sie blicken von hier aus auf die Verteidigungsmauer und (teilweise restaurierte) Rampe der Burg von Troia II (Abb. 91–92).

Troia II wurde auf den Überresten von Troia Ia–Ie (= Troia I–Mitte) errichtet und wird in acht Bauphasen (IIa–IIh) unterteilt.

Abb. 91   Burgmauer Troia II und Rampe des Tores FM (im Jahr 1890).

Abb. 92 Rekonstruktion der Rampe und des Tores FM.

Höhendistanz zwischen Siedlungsebene und Zufahrtsweg vermutlich durch eine (nicht ausgegrabene) Rampe überbrückt. Die Burg von Troia II endete in einer Brandkatastrophe, die eine über 2 m mächtige Brandschicht hinterließ.

Links des Tores FM fand Schliemann den legendären "Schatz des Priamos" (Abb. 93). Wegen dieses Fundes, der Brandschicht und der Steinrampe (das "Skäische Tor") hielt er die Stadt Troia II anfänglich für das von ihm gesuchte Troia/Ilios Homers. Er irrte sich um gut 1200 Jahre. In seinem letzten Lebensjahr 1890 erkannte Schliemann jedoch seine Fehleinschätzung. Die mehr als 20 "Schätze von Troia" werden derzeit an acht Orten in sieben Städten der Welt aufbewahrt, u. a. seit Ende des 2. Weltkrieges in Moskau und St. Petersburg.

Im Laufe der Zeit wurde die Umfassungsmauer mehrmals weiter nach außen versetzt, um die Burganlage zu vergrößern. Die Umbauten sind an den Überresten früherer, teilweise vermauerter Tore zu erkennen.

Die ca. 330 m lange und 4 m dicke Mauer der letzten – hier sichtbaren – Phase bestand aus einem Kalksteinunterbau und darauf geschichteten Lehmziegeln. Sie umfaßte ein ca. 8000 m² großes Gebiet.

Zu dem von hier aus sichtbaren Eingang (Tor FM) führt eine eindrucksvolle, mit Steinplatten gepflasterte Rampe hinauf, die seitlich von Lehmziegelmauern begrenzt war.

Aufgrund ihrer Größe und Lage stellte allerdings wohl eher die östliche Toranlage FO (Tafel 6) den Hauptzugang zur Burg dar (Abb. 82). Auch dort wurde die

Abb. 94 Troia II-Keramik.

Trésor de Priam découvert à 8½ mètres de profondeur

Abb. 93 Schatzfund A, "Schatz des Priamos".

62

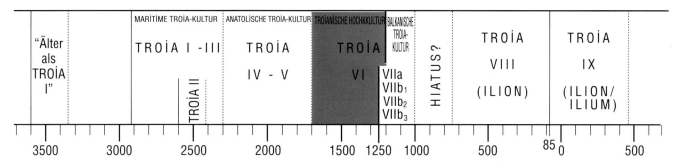

"Älter als TROİA I"	MARİTİME TROİA-KULTUR	ANATOLİSCHE TROİA-KULTUR	TROİANİSCHE HOCHKKULTUR	BALKANİSCHE TROİA-KULTUR	HIATUS ?		
	TROİA I -III	TROİA IV - V	TROİA VI	VIIa VIIb₁ VIIb₂ VIIb₃		TROİA VIII (ILION)	TROİA IX (ILION/ ILIUM)

3500 3000 2500 2000 1500 1250 1000 500 85 0 500

9   Troia VI

Palasthaus VIM

Sie befinden sich nun am südlichen Rand der Burg von Troia VI, direkt auf der großen Verteidigungsmauer. Die nur an der Oberfläche freigelegte Mauer muß man sich, wie es die Ostmauer zeigt (Tafel 2), von der heutigen Kante ca. 5 m nach Süden abfallend denken.

Linker Hand, also nördlich im Inneren des Mauerrings, erhebt sich die eindrucksvolle, 27 m lange und leicht nach innen geneigte Stützmauer des Hauses VIM. Dieses stand auf der untersten Terrasse des großen Burghügels und gehörte sicherlich zur Palastanlage der Burg von Troia VI (Abb. 95-96). Keramikfunde dieser Zeit belegen eine entwickelte eigene Töpferkunst, aber auch Geschmack an mykenischen Importen (Abb. 87).

Sofort fallen die vier sägezahnartigen Mauervorsprünge in den Blick. Hierfür wurden die Steine sorgfältig geschnitten. Dieses nicht nur rein stilistische Detail findet sich genauso an anderen zeitgleichen Fassaden von Troia (Tafel 2). Es spricht einerseits für den Geschmack und das Repräsentationsbedürfnis der Palastbewohner, andererseits könnte es funktional begründet sein durch den zu ergänzenden Oberbau aus Holzrahmen und Lehmziegel. Die exakt bearbeiteten Steine passen ohne jeden Mörtel fugenlos aufeinander: die weniger verwitterten Steine im unteren Bereich der Mauer zeigen dies noch. Diese Leistung erscheint um so größer, wenn man bedenkt, daß das Eisen als Material für Werkzeuge in dieser Zeit noch nicht zur Verfügung stand. Homer beschreibt immer wieder die "schönen" Mauern von Troia/Ilios.

Zwischen Haus VIM und der Burgmauer verlief eine breite Gasse. In ihrer Fortsetzung sind im Hintergrund Reste neuerer Ausgrabungen zu erkennen.

Im Inneren des L-förmig angelegten Hauses VIM befanden sich mehrere Räume, über deren Bestimmung nur

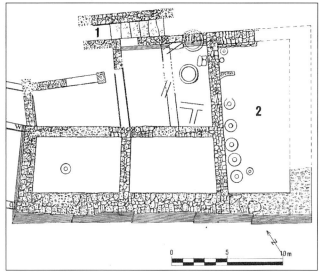

Abb. 95   Plan des Hauses VIM; 1: Aufgang zum Obergeschoß (?) und 2: Vorratsgefäße (Pithoi).

Abb. 96   Rekonstruktion des Hauses VIM.

Abb. 97 Troia VI-Keramik.

wenig bekannt ist. Erhaltene Vorratsgefäße (Pithoi) deuten auf Lagerhaltung hin. Vom zweiten Stockwerk, das aufgrund einiger Treppenstufen angenommen werden kann, ist nichts erhalten. Ebenso wie bei den anderen Gebäuden der Periode Troia VI sind die seitlichen Außenmauern des Hauses auf das Burgzentrum ausgerichtet. Dies zeugt von einer einheitlich geplanten Bauordnung, die zur Mitte hin gleich breite Gassen zwischen den Gebäuden gewährleistete.

Während der anschließenden Phase Troia VIIa wurde das Haus VIM weiterbenutzt und ausgebaut. Unmittelbar an der Innenseite der Burgmauer hat man schmale Häuser angebaut. Deren Fundamente sind im Westen, hinter Ihnen, noch erkennbar.

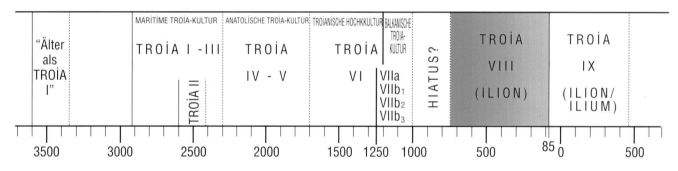

10 Heiligtum

Troia VIII/IX (Troia VI/VII)

Wie aus den antiken Quellen und den Grabungsergebnissen hervorgeht, war Troia in griechischer und römischer Zeit ein bedeutendes religiöses Zentrum.

Das vor Ihnen liegende Heiligtum wurde vielleicht schon im 8. Jh. v. Chr. erbaut. Es war in den Siedlungsschutt der Unterstadt von Troia VII und VI eingetieft und entsprechend von einer Mauer umgeben (Abb. 98–99). Man

benutzte es über die hellenistische Epoche hinaus bis weit in die römische Kaiserzeit, allerdings nicht ohne bauliche Veränderungen und Auffüllungen vorzunehmen. Auch der Verlauf der das Heiligtum umgebenden Mauern wurde mehrfach geändert. In der Mitte des oberen Teils des Heiligtums errichtete man in einer frühen Phase einen Altar aus Kalkstein (Nr. 1), dessen halbrunder Abschluß unter einem späteren Altar (Nr. 4) und einer Opfergrube (Nr. 8) noch sichtbar ist. Im unteren Teil des Heiligtums befanden sich zwei weitere Altäre, von denen der eine (Nr. 2) in archaischer, der andere (Nr. 3) in hellenistischer Zeit erbaut waren. Außerdem wurden Opfergruben

Abb. 99   Ansicht des Heiligtums, von Südosten.

(Nr. 8, 9) und Brunnen (Nr. 6, 7) angelegt. Die aus sorgfältig gearbeiteten Quadern gefügte Nordmauer des oberen Heiligtums (Nr. 10) erhebt sich vor der Befestigungsmauer von Troia VI: sie wurde in hellenistischer Zeit errichtet. Die beiden Teile des Heiligtums hat man anscheinend im späten 4. Jh. v. Chr. einer Renovierung unterzogen: dies dürfte eine Folge des Besuches Ilions durch Alexander den Großen (334 v. Chr.) gewesen sein.

Die Anlage wurde bei der Zerstörung Ilions durch Fimbria im Jahre 85 v. Chr. stark in Mitleidenschaft gezogen. Im Rahmen einer späteren, wahrscheinlich durch Kaiser Augustus (31 v. Chr. - 14 n. Chr.) veranlaßten Neugestaltung errichtete man auf höherem Geländeniveau einen neuen Altar (Nr. 5). Neben ihm befinden sich die Fundamente einer Treppenanlage (Nr. 11), die wohl als Tribüne für religiöse Zeremonien diente.

Welchen Gottheiten das Heiligtum geweiht war, ist immer noch unklar. Die Existenz von vielen in Troia gefundenen Terrakotta-Figuren der Kybele und Demeter könnte jedoch einen Hinweis auf die hier ausgeübten Kulte geben (Abb. 100).

Im Hintergrund sehen Sie eines der neuen Grabungsgebiete. Hier kommen weitere Teile des Heiligtums zutage, insbesondere aber eine Abfolge der Außenbesiedlung zur Burg von Troia VII und Troia VI. Die Sequenz, die das gesamte 2. Jahrtausend ausmachen dürfte, wurde durch die aufliegenden Kultgebäude konserviert.

Abb. 98 Grundriß des Heiligtums.

Abb. 100a-d Hellenistische Terrakotten. ▶

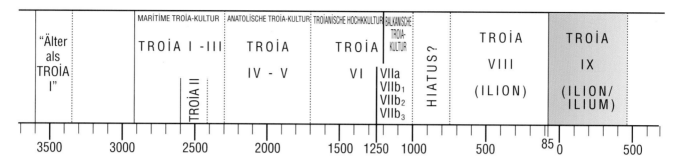

3500 3000 2500 2000 1500 1250 1000 500 85 0 500

11   Troia IX   *Das Odeion*

Odeion und Bouleuterion

Sie stehen jetzt vor dem römischen Odeion, das u. a. für die Aufführung von musikalischen Veranstaltungen bestimmt war (Abb. 101; vgl. Abb. 58). Dahinter sind die

Abb. 101 Odeion nach der Restaurierung, von Südosten.

68

Abb. 102 Inschrift vom Odeion: Ari]stonoe (stiftete) die Bühne von Grund auf und den Skulpturenschmuck so[wie...

Burgmauer von Troia VI und ein Pfeiler zu sehen, der zu einem großen Haus aus der Zeit von Troia VI gehört ("Pfeilerhaus"). Hinter Ihnen zeigen sich die Ruinen eines nur zum Teil ausgegrabenen Badegebäudes aus der römischen Kaiserzeit. Das Odeion, das Badegebäude und das nicht weit entfernte Bouleuterion liegen am Rande der Agora, des Marktplatzes, auf dem sich das öffentliche Leben der Stadt abspielte.

Das Odeion hat eine halbkreisförmige Orchestra. Sie wird von der Skene, dem Bühnengebäude, abgeschlossen, in eine überlebensgroße Panzerstatue des Kaisers Hadrian (117-138 n. Chr.) stand (Abb. 59). Die Orchestra hat hinter einer Abschrankung aus Kalksteinplatten nach oben ansteigende Sitzreihen aus großen Kalksteinblöcken; die Sitzreihen sind durch Gänge in keilförmige Abschnitte unterteilt. In der Umgebung des Odeions liegen zahlreiche Architekturglieder verstreut (Abb. 102).

Das Bouleuterion

Zu Ihrer Rechten, ca. 70 m entfernt, sehen Sie das Bouleuterion (Rathaus) des griechisch–römischen Ilion; ein Teil des Gebäudes liegt über der Befestigungsmauer

von Troia VI. Der Innenraum war an allen Seiten von einer Mauer umgeben, so daß der Rat ungestört seinen Aufgaben nachgehen konnte.

Abriß der Geschichte des griechischen und römischen Ilion

Nach der herrschenden Forschungsmeinung besiedelten griechische Kolonisten den Hügel Hisarlık gegen Ende des 8. Jh. v. Chr. (Troia VIII). Der Ruhm der sagenhaften

Abb. 103 Römische Ziegel mit Stempel.

Vergangenheit Ilions war so groß, daß bekannte Herrscherpersönlichkeiten wie der persische Großkönig Xerxes (480 v. Chr.) und der Makedonenkönig Alexander der Große (334 v. Chr.) Ilion und Umgebung besuchten und seiner Hauptgottheit Athena wie den homerischen Helden Opfer darbrachten. Derartige Würdigungen führten gelegentlich zu einer umfassenden Bautätigkeit in Ilion, die sich sowohl auf sakrale als auch auf profane Gebäudekomplexe erstreckte.

Im Jahre 85 v. Chr. wurde der Ort von dem (abtrünnigen) römischen Feldherrn Fimbria zerstört. Trotzdem erlebte Ilion in der darauf folgenden Zeit (Troia IX) dank der Förderung durch die römischen Kaiser, insbesondere durch Augustus, eine ausgesprochene Blüte. Angehörige des Kaiserhauses, die die Stadt häufig besuchten, legten den Grund zur erneuten Entfaltung kulturellen Lebens. Die Aufnahme umfassender Baumaßnahmen (Abb. 102, 103) schloß die Wiederherstellung des Großen Theaters, des Bouleuterions und des Tempels der Athena ein. Die Unterstadt wurde planmäßig in rechteckigen Quartieren (*insulae*) angelegt.

Die Römer waren in ganz besonderer Weise an Ilion interessiert, führten sie doch ihre Abkunft auf den troianischen Helden Aeneas zurück. Die nachhomerische Sage hatte Aeneas nicht nur den Troianischen Krieg überleben, sondern auch nach Italien fliehen lassen. Die Römer sahen in ihm ihren Ahnherrn und hielten Ilion für die Mutterstadt Roms. Münzen mit der Darstellung der Flucht des Aeneas und seiner Familie dokumentieren diesen Glauben (Abb. 19).

Abb. 104 Rekonstruktion des Südtores.

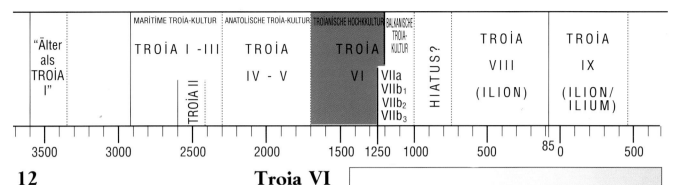

"Älter als TROİA I"		TROİA I -III	TROİA IV - V	TROİA VI		HIATUS?	TROİA VIII (ILION)	TROİA IX (ILION/ ILIUM)

12   Troia VI

Süd–Tor

Sie befinden sich unmittelbar vor der südlichen Toranlage der Periode VI. Vom Südtor, das vermutlich das Haupttor der Burg war (Abb. 104), ist heute allerdings nur noch der Torweg zu erkennen, der geradlinig in die Burg hinaufführte. Er war vollständig mit Steinplatten gepflastert. In der Mitte des Weges verläuft unter den Platten ein Regenwasserkanal, der möglicherweise erst aus der Periode Troia VII stammt.

Abb. 105 Troia VI–Keramik.

Der Süd–Turm

Der Südturm (10 x 9,5 m) wurde erst später an die Burg angefügt. Die Mauern entsprechen in der Ausführung denen des Ostturms, sind direkt auf den Fels gebaut und bis zu einer Höhe von etwa 2 m erhalten. Unmittelbar vor dem Turm standen mehrere steinerne Stelen, die typische Zeugnisse für altanatolische Kulte im Torbereich sind.

Das "Pfeilerhaus"

Links hinter dem Südturm zeigt ein Pfeiler die Lage des "Pfeilerhauses", das mit etwa 27 x 12,5 m Grundfläche eines der größten Häuser in Troia VI war. In der Halle des Hauses standen zwei Pfeiler, die wahrscheinlich eine schwere Dachkonstruktion, wenn nicht sogar ein zweites Stockwerk trugen.

Die Funde

Zu den häufigsten Funden der Periode VI gehört graue Keramik (oft mit Wellendekor), die sogenannte Grau–minysche Ware, die sich noch weit entfernt auf dem griechischen Festland wiederfindet. Mykenische Importe machen die Wirtschaftskontakte der anatolischen Residenz– und/oder Handelsstadt Troia auch zu der alten ägäischen Großmacht Mykene und damit die Bedeutung Troias für den Fernhandel deutlich (Abb. 105).

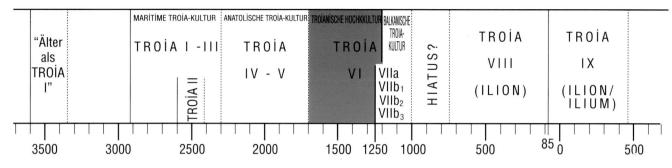

"Älter als TROİA I"	MARİTİME TROİA-KULTUR	ANATOLISCHE TROİA-KULTUR	TROİANISCHE HOCHKKULTUR	BALKANISCHE TROİA-KULTUR	HIATUS?		
	TROİA I -III	TROİA IV - V	TROİA VI	VIIa VIIb₁ VIIb₂ VIIb₃		TROİA VIII (ILION)	TROİA IX (ILION/ ILIUM)

TROİA II

3500   3000   2500   2000   1500 1250 1000   500   85 0   500

13   Troia VI

Unterstadt

(zur Zeit nicht zugänglich)

Sie haben jetzt wichtige Aspekte der über 3000jährigen Kulturentwicklung am Burgberg von Troia kennengelernt, wie sie bis 1997 im Verlauf von 26 Grabungskampagnen zutage kamen. Einerseits ist den Verantwortlichen der Erhalt des Monumentes ebenso wie dessen Präsentation für die Besucher ein wichtiges Anliegen, andererseits gehen jedoch die Ausgrabungen weiter, die Sie in den Sommermonaten, wie selten an einem Grabungsplatz, aus unmittelbarer Nähe verfolgen können. Dies betrifft den Bereich des Burgberges. Aber auch außerhalb davon sind Aktivitäten zu verzeichnen, über die wir Sie kurz informieren wollen, wenngleich das Gebiet derzeit für Besucher nicht zugänglich ist, wofür wir um Ihr Verständnis bitten.

Während sich vor Wiederaufnahme der Grabungen in Troia 1988 die Untersuchungen im wesentlichen auf den Burgberg beschränkten, wird bei den vielfältigen neuen Arbeiten unter der Leitung von Manfred Korfmann von Anfang an auch außerhalb des Siedlungshügels geforscht. Mit neuen Technologien und durch Ausgrabungen konnte der eindrucksvolle Stadtplan des römischen Ilion entdeckt, aber auch die Existenz einer Unterstadt mit Verteidigungsanlage (Stadtmauer und Gräben), zur Periode Troia VI gehörig, nachgewiesen werden (Abb. 60). Nach dem Wissensstand des Jahres 1993/94 ist das Troia des 2. Jahrtausends mit ca. 200 000 m² Fläche etwa zehnmal größer als bislang gedacht. Zusammen mit dem Burgberg muß es für Homer (oder seine Informanten) eine großartige Ruinenkulisse gewesen sein, als um 730 v. Chr. die Ilias verfaßt wurde. Mit ungefähr 7000 Bewohnern war der Ort gewiß eine der "Großstädte" der damaligen Zeit. Anlage wie Details der architektonischen Ausführung gestatten es, dieses Troia in den Kreis der Residenz- und Handelsstädte einzuordnen, wie sie in den verschiedenen Landschaften Kleinasiens und des Vorderen Orients zur selben Zeit bekannt waren. Troia nahm mit seiner geostrategisch günstigen Lage zwischen zwei Meeren und Kontinenten interessanterweise gerade in der 2. Hälfte des 2. Jahrtausends – demnach auch in der Zeit, in der der "Troianische Krieg" stattgefunden haben soll – eine herausragende Stellung ein.

Photographien: Universität Tübingen, Troia–Projekt (vornehmlich H. Paysan)
Zeichnungen und Pläne: J. Essich, M. Möck, E. Riorden, alle Universität Tübingen, Troia–Projekt.
Rekonstruktionen: Ch. Haußner.
Redaktion: Mutz Koppenhöfer

Literatur

1. Die offiziellen Grabungsberichte und auswertenden Monographien:

HEINRICH SCHLIEMANN, Trojanische Alterthümer. Bericht über die Ausgrabungen in Troja (Leipzig 1874) und

Atlas trojanischer Alterthümer. Photographische Abbildungen zu dem Bericht über die Ausgrabungen in Troja (Leipzig 1874)

HEINRICH SCHLIEMANN, Bericht über die Ausgrabungen in Troja in den Jahren 1871 bis 1873. Mit einem Vorwort von Manfred Korfmann sowie 70 Abbildungen und 48 textbezogenen Tafeln aus dem "Atlas trojanischer Alterhümer" (München–Zürich 1990)

HEINRICH SCHLIEMANN, Ilios. Stadt und Land der Trojaner. Forschungen und Entdeckungen in der Troas und besonders auf der Baustelle von Troja (Leipzig 1881)

HEINRICH SCHLIEMANN, Troja. Ergebnisse meiner neuesten Ausgrabungen auf der Baustelle von Troja, in den Heldengräbern, Bunarbaschi und andern Orten der Troas im Jahre 1882 (Leipzig 1884; Nachdruck hg. v. Rainer Gerlach, Dortmund 1984/²1987)

HEINRICH SCHLIEMANN, Bericht über die Ausgrabungen in Troja im Jahre 1890 (Leipzig 1891)

WILHELM DÖRPFELD, Troja 1893, Bericht über die im Jahre 1893 in Troia veranstalteten Ausgrabungen (Leipzig 1894)

WILHELM DÖRPFELD, Die Ausgrabungen in Troja 1894. Athener Mitteilungen 19: 380-394 (1894)

WILHELM DÖRPFELD, Troja und Ilion. Ergebnisse der Ausgrabungen in den vorhistorischen und historischen Schichten von Ilion 1870-1894 (Athen 1902; Nachdruck Osnabrück 1968)

CARL W. BLEGEN–JOHN L. CASKEY–MARION RAWSON–JEROME SPERLING, Troy I. General Introduction. The First and Second Settlements (Princeton 1950)

CARL W. BLEGEN–JOHN L. CASKEY–MARION RAWSON, Troy II. The Third, Fourth, and Fifth Settlements (Princeton 1951)

CARL W. BLEGEN–JOHN L. CASKEY–MARION RAWSON, Troy III. The Sixth Settlement (Princeton 1953)

CARL W. BLEGEN–CEDRIC G. BOULTER–JOHN L. CASKEY–MARION RAWSON, Troy IV. Settlements VIIa, VIIb and VIII (Princeton 1958)

J. LAWRENCE ANGEL, Troy. The Human Remains (Troy-Supplement 1; Princeton 1951)

ALFRED R. BELLINGER, Troy. The Coins (Troy-Supplement 2; Princeton 1961)

DOROTHY BURR THOMPSON, Troy. The Terracotta Figurines of the Hellenistic Period (Troy-Supplement 3; Princeton 1963)

GEORGE RAPP JR.–JOHN A. GIFFORD, Troy. The Archaeological Geology (Troy-Supplement 4; Princeton 1982)

FRIEDRICH WILHELM GOETHERT–HANS SCHLEIF, Der Athenatempel von Ilion (Berlin 1962)

Grabungs- und Forschungsberichte zu den neuen Kampagnen (seit 1988) **alljährlich** in der Zeitschrift KAZI SONUÇLARI TOPLANTISI (Ankara, türkisch) und insbesondere in den STUDIA TROICA (Mainz, deutsch und englisch)

2. Neueste Arbeiten zu Spezialthemen (dort Anmerkungen zu älterer Literatur):

MANFRED KORFMANN, Troia- Residential and Trading City at the Dardanelles, Politeia. Society and State in the Aegean Bronze Age. Proceedings of the 5th International Aegean Conference, Heidelberg 1994 (Aegaeum 12; Liège 1995)

MANFRED KORFMANN, Hisarlık und das Troia Homers. Ein Beispiel zur kontroversen Einschätzung der Möglichkeiten der Archäologie, in: Festschrift für Wolfgang Röllig (1997)

MANFRED KORFMANN, Stelen vor den Toren Troias. Apaliunas-Apollon in Truisa/Wilusa?, in: Festschrift für Halet Çambel (İstanbul 1997)

Der Schatz aus Troja. Schliemann und der Mythos des Priamos-Goldes. Mit Textbeiträgen von Wladimir P. Tolstikow–Michail J. Trejster. Katalogbuch Ausstellung in Moskau 1996/97 (Stuttgart-Zürich 1996)

3. Übergreifende Literatur:

JOHN M. COOK, The Troad. An Archaeological and Topographical Study (Oxford 1973)

CARL W. BLEGEN, Troy and the Trojans (London 1963)

BIRGIT BRANDAU, Eine Stadt und ihr Mythos. Die neuesten Entdeckungen (Berg. Gladbach 1997)

JOACHIM LATACZ, Homer. Eine Einführung (München-Zürich 1985)

MICHAEL SIEBLER, Troia-Homer-Schliemann. Mythos und Wahrheit (Mainz 1990)

MICHAEL SIEBLER, Troia. Geschichte, Grabung, Kontroversen (Mainz 1994)

MICHAEL WOOD, Der Krieg um Troja (Frankfurt am Main 1985)

4. Bücher, besonders für Kinder und Jugendliche:

PETER CONNOLLY, Die Welt des Odysseus (Hamburg 1986)

WALTER JENS, Ilias und Odyssee (Ravensburg 1983)

HINWEISE

STUDIA TROICA

STUDIA TROICA ist die Jahresschrift des Troia-Projekts. Sie befaßt sich mit dem Thema "Troia und die Troas, Archäologie einer Landschaft" auf interdisziplinärer Ebene. Schwerpunkte bilden die Forschungsergebnisse der Ur- und Frühgeschichtlichen sowie der Klassischen Archäologie und anderer Altertumswissenschaften in Troia und Umgebung.

Den Kern der Zeitschrift bilden die jährlichen Vorberichte der neuen Troia-Grabung.

Anfragen und Bestellungen sind willkommen bei:

VERLAG PHILIPP VON ZABERN
Postfach 4065. D-55030 Mainz
Telefon: 06131 / 28 74 70 . Telefax: 06131 / 22 37 10

VIDEO-JAHRESBERICHTE TROİA

In enger Kooperation mit dem Leiter des Troia-Projekts, Prof. Dr. Manfred Korfmann, und der Medienabteilung der Neuphilologischen Fakultät der Universität Tübingen führt das Institut für den Wissenschaftlichen Film, Göttingen, eine Video-Dokumentation der archäologischen Untersuchungen in Troia durch. Sie richtet sich insbesondere an die Bezieher der Studia Troica, Mitglieder des Tübinger Förderkreises zur Erforschung der Troas (Freunde von Troia), Hochschulinstitute, Bibliotheken, Museen, Einrichtungen der Erwachsenenbildung, Freunde und Förderer archäologischer Forschungen.

Die Video-Jahresberichte sind in deutscher, englischer und türkischer Sprache lieferbar. Geben Sie bitte bei Ihrer Bestellung die gewünschte Sprache an.

1996 wurde anläßlich der 25. Ausgrabungskampagne in Troia und des 125. Jahres seit Beginn der offiziellen Ausgrabungen ein zusammenfassendes Video (ca. 25 Min.) produziert.

Ihre Bestellung richten Sie an:

INSTITUT FÜR DEN WISSENSCHAFTLICHEN FILM
Nonnenstieg 72. D-37075 Göttingen
Telefon: 05 51 / 50 24-160 • Telefax: 05 51 / 50 24-4 00

Danksagung

Das Troia-Projekt dankt folgenden Institutionen, Firmen und Personen für die besonders großzügige Unterstützung seiner Arbeiten in den Jahren 1988-1995:

Anadolu Medeniyetleri Müzesi, Ankara
Arcana Foundation, Inc., Washington
Arkeoloji Müzeleri, İstanbul
Verlag Karl Baedeker GmbH, Ostfildern–Kemnat
Barbara B. Herbert Trust, Cape Girardeau
Bayrisches Landesamt für Denkmalpflege, München
Fa. Bruckmüller, Innsbruck
Fred W. Campbell, Wesley Chapel
Daimler-Benz AG, Stuttgart
Deutsche Forschungsgemeinschaft, Bonn
Deutsches Archäologisches Institut, Berlin
Egle EDV-Service, Karlsruhe
Essling Graphics GmbH, Flörsheim·
GEO – Das Reportage-Magazin, Hamburg
Christoph Haußner, München
Hewlett Packard, Böblingen
C.C. Hobart Foundation, Troy
Sepp Hör, Rottenburg-Kiebingen
Ladislav von Hoffmann, Washington
IBM Deutschland GmbH, Stuttgart
Innenministerium und Ministerium für Wirtschaft Baden-Württemberg, Stuttgart
Institute for Aegean Prehistory, New York
Institute for Mediterranean Studies, Cincinnati
Marianne und Dr. Hans Günter Jansen, Böblingen
Krista und Diether Kohler, Nürnberg
Erdmute Koppenhöfer und
Prof. Dipl.-Ing. Dietrich Koppenhöfer, Weinstadt
Landesgirokasse, Stuttgart
Leica-Heerbrugg AG, Heerbrugg
Ludwig-Boltzmann-Gesellschaft, Wien
Freunde des Melanchthon-Gymnasiums, Nürnberg
Vermessungsbüro Dipl. -Ing. E. Messmer, Winnenden
Dr. Jürgen B. Mülder, Frankfurt am Main
Prof. Dr. Egert Pöhlmann, Erlangen

James H. Ottaway, Jr., New York
Verleger Franz Rutzen, Mainz
Dr. Manfred Schrader, Hechingen
Lothar Spree Film Production, Frankfurt am Main
George B. Storer Foundation, Islamorada
Alfred A. Strelsin Foundation, New York
Südwestdeutsche Landesbank, Stuttgart
Taft Semple Fund, Cincinnati
Troy Daily News, Troy
Türkiye Cumhuriyeti Kültür Bakanlığı, Ankara
Vereinigung der Freunde der Universität Tübingen e.V. (Universitätsbund)
Universität Tübingen
University of Cincinnati
Carl Zeiss AG, Oberkochen

sowie den 300 ständigen Mitgliedern und Spendern des "Tübinger Förderkreises zur Erforschung der Troas" (Freunde von Troia, Tübingen) und den "Friends of Troy" (Cincinnati)

WERDEN AUCH SIE MITGLIED!
HELFEN SIE TROIA UND DER LANDSCHAFT HOMERS!
UNTERSTÜTZEN SIE DEN
"HISTORISCHEN NATIONALPARK TROIA!"

Adresse der "Freunde von Troia":

c/o Prof. Dr. Manfred Korfmann
Institut für Ur- und Frühgeschichte
und Archäologie des Mittelalters
der Universität Tübingen
Schloß Hohentübingen
D-72070 Tübingen

Bankverbindung:

Kreissparkasse Tübingen (BLZ 641 500 20)
Konto-Nr: 110 608
Stichwort "Troia 3951"

Ihre Spende dient allein der Forschung und
ist steuerlich absetzbar.

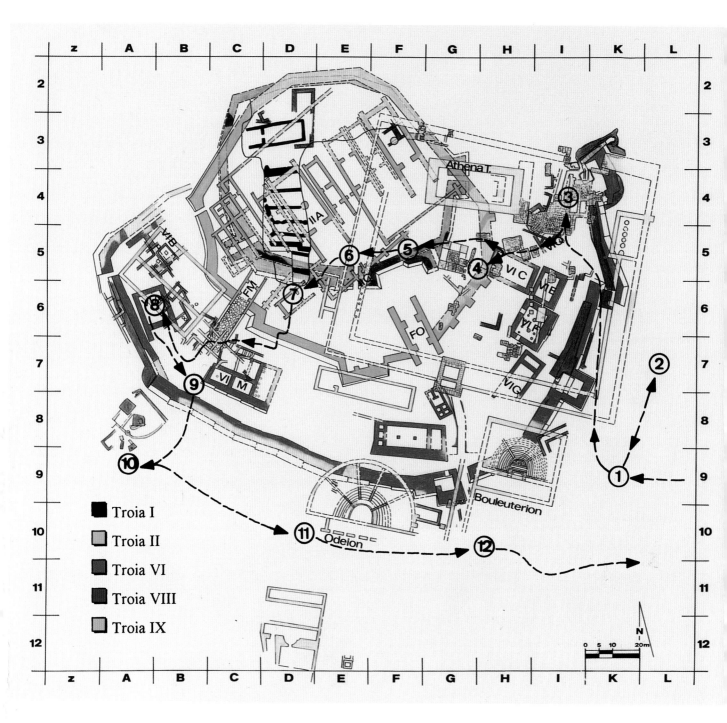

Troia I

Troia II

Troia VI

Troia VIII

Troia IX

Die Einnahmen
aus diesem Führer
kommen der Archäologie
der Kulturlandschaft
Troas zugute

Dieser Text wurde
mit der Genehmigung des
Kultusministeriums
der Republik Türkei
veröffentlicht

"Der Archäomog"

Heute wie vor 3000 Jahren wirft die Mittagssonne ihr Licht auf die sagenhafte Stadt des Priamos: TROIA. Wie man in diesen Mauern lebte, worum Hektor und Achilles kämpften, versucht heute ein von Daimler-Benz unterstütztes Forschungsteam mit großem Aufwand und detektivischem Spürsinn zu erschließen. Dabei greift ihnen ein unschätzbarer Helfer unter die Arme: der Unimog mit seiner Kraft und vor allem mit seiner Geschicklichkeit. Mit Hilfe eines speziell entwickelten Bohrgerätes konnten tiefe Bodenschichten besonders schonend untersucht und damit neue Erkenntnisse über das wahre Troia gewonnen werden. Nicht zuletzt wegen dieser Leistung haben die Forscher dem Unimog einen Ehrennamen verliehen - er wurde "Archäomog" getauft.

Unimog sollte man haben.

Mercedes-Benz
Unimog